大峠と大洗濯　ときあかし①

⦿日月神示

【基本十二巻】第一巻・第一

内記正時［解説］
岡本天明［原著］
中矢伸一［校訂・推薦］

ヒカルランド

序文

何故「基本十二巻」なのか？

ここに、『謎解き版［完訳］⊙日月神示』をお届けする。

本書は、日月神示全三十七巻（補巻を除く）のうち、「基本十二巻」（＝第一巻「上《うえ》つ巻」～第十二巻「夜明けの巻」）の全ての帖を、逐一解説することを目的として執筆したものである。

何故《なぜ》「基本十二巻」だけの解説なのかと言うと、**「この十二の巻よく肚《はら》に入れておけば何でもわかるぞ。無事に峠越せるぞ」**（第十二巻「夜明けの巻」第十四帖）と示されているからであって、要はこの十二の巻が日月神示の最も核心となる基本中の基本であり、神仕組・経綸《けいりん》の全てが書いてあると、神ご自身が述べておられるからである。

しかもこの十二巻をよく肚《はら》に入れておけば、「**無事に峠越せるぞ**」とあるから尚更《なおさら》なのである。

「峠」とは言うまでもなく「立替えの大峠」のことであって、これを無事に越せれば「ミロクの世」

に行けると神が保証しているわけである。

このように日月神示の中では「基本十二巻」が特に重要であり、まずはこれを理解することが神示全体の理解のためにも必要不可欠なのである。

これまでに日月神示全訳本は何種類か発行されているが、本書執筆に当たって私が底本としたのは、『[完訳]㊀日月神示』(岡本天明・書、中矢伸一・校訂、ヒカルランド、以下『完訳版』と言う)であることをお断りしておきたい。

と言うのも、現在参照し得る全訳本の中では『完訳版』が岡本天明の『第一仮訳』に最も忠実だからであって、他社版では部分的な書き換えや意図的に削除されている部分があったりして、完全とは言えないからである。

日月神示の解説書が「テーマ別」である理由

ところで私は、日月神示に関しては既に三冊の解説書を上梓《じょうし》している。『ときあかし版［完訳］日月神示』、『奥義編［日月神示］神一厘のすべて』、『秘義編［日月神示］神仕組のすべて』(いずれもヒカルランド刊)の三冊である。

しかもこの三冊で、私が読者に提供できる内容や情報はある程度書き終えたと思っている。

それにもかかわらず、今回新たに本書シリーズを上梓したのには勿論《もちろん》理由がある。

それは、今まで世に出ている「日月神示解説書」のほとんどが、「テーマ」毎の解説でしかなかったことが根底にある。

例えば私の三部作で解説したものは「てんし様」、「ミロク」、「身魂磨《みたまみが》き」、「大峠」、「食《しょく》」、「スメラとユダヤ」、「預言と予言」、「我《が》」、「穢《けがれ》と祓《はらい》」などであるが、これらは全て日月神示の重要なテーマであり、そのテーマ毎に「章」や「節」を設けてその中でまとまった解説をしてきた。

市販されている類書も、基本的には同じスタンスである。

テーマ毎の解説になっているのは、書く人間が意図的にそうしたというよりは、テーマ毎でないと極めて書きにくいという事情があるからである。

日月神示は昭和十九年六月十日の初発以来、約十七年間にわたって九九二もの帖が降ろされているが、それらをまとめて本にしたものは、基本的に神示が降ろされた順番（＝時系列）に従って各帖が並べられている（一部例外もある）。

現在出回っている全訳本も全てこのような形に編集されている。

しかし、日月神示全訳本を通読された方にはおわかりのように、各帖の内容はほとんどバラバラであり、時系列に従って読んだだけでは、そこに一貫性や整合性のある意味を見出すことは非常に困難なのである。

要するに極めてわかりにくいのだ。

人間の書いた本であれば、例えばそれが小説でもエッセイでも或いは論文でも、ページをめくりながら順番どおり読んでいけば、間違いなく意味や流れが把握できるが、こと日月神示はそのようになっていない。

順番どおり読んでもほとんど全体像が把握できないばかりか、何か迷路に迷い込んだ気さえするはずである。

よってあるテーマについて解釈・解説しようとするならば、必ず神示全巻の中から、そのテーマに関係がありそうな部分（＝ピース）を集めて総覧《そうらん》・吟味《ぎんみ》しなければならず、そうすることによってやっとそのテーマの輪郭《りんかく》や中身が見えてくるのである。

日月神示の解説書が「テーマ毎」になってしまうのは、このような事情が根底にあるからなのだ。

「基本十二巻」全解説執筆に至った動機

ここで少し話は飛ぶが、本書執筆の動機ともなった私の体験をご紹介したい。

それは平成二十五年某月、出版社の企画で、中矢伸一《なかやしんいち》氏、黒川柚月《くろかわゆつき》氏（『岡本天明伝』著者）、それに私を加えた三名による「鼎談《ていだん》」が開かれた席上のことである。

話の中で、中矢伸一氏が校訂された『完訳版』が非常によく売れているという話題が出たのであるが、ここで黒川氏から、『完訳版』を購入した人の中には解説書なしでいきなり『完訳版』だけを読み出す人が結構多いという指摘があった。

黒川氏はこれについて、「いきなり『完訳版』を読むのは、高級家電を買って取扱説明書も読まずに操作するようなもので、ちゃんと使いこなす（＝読みこなす）ことは困難だ」という趣旨の説明をされたのだが、実に上手《うま》い例え話であると感心した。

ご承知のとおり、『完訳版』は神示の全訳本であるから、具体的な解説文などはほとんどない。しかも神示そのものが抽象的で難解であるばかりか、「大本《おおもと》」や「伯家神道《はっけしんとう》」などの流れを受け継いでいるし、岡本天明たち「因縁《いんねん》の身魂《みたま》」に対して「神業《しんぎょう》」を命じた帖も数多く含まれている。

よって、何の予備知識もなくいきなり『完訳版』だけを読み出したのでは、神意を正確に理解することはまず不可能であると言わざるを得ない。

むしろ誤解や曲解に陥《おちい》ったり、或いは独断や取り違いが生ずれば、神意から大きく乖離《かいり》してしまう可能性すらあるのだ。

黒川氏の指摘には中矢氏も私も全く同感で、そういう方は是非《ぜひ》我々が書いたそれぞれの「解説書」を参考にして『完訳版』を読んでほしいということでその場を締めたのであった。

ただ私は、中矢氏校訂の『完訳版』がよく売れているということには、何やら「神計《かみはか》り」が働いているようにも感じていた。『日月神示』そのものは極めて特殊な書籍で、一般書に比し、かなり高価であるにもかかわらず、長期間に亘って世に出続けること自体稀有《けう》な現象である。購読者の中には、「(『完訳版には』) 霊力がある」とか「光が出ている」、「お守りになる」などといった低次元の動機で購入する人もいるようだが、これとは対極に真実を求める人たちも多く存在し、紆余曲折《うよきょくせつ》を経てやっと日月神示に辿り着いた人もいるはずである。

そこでこのような人たちに対して、何かもっとよい解説書は書けないものか？　と考えたことが本書執筆の直接の動機となったのである。

考えてみれば、どんな人でも日月神示全訳本を読むときは、まずは一ページ目から順番に読むはずである。最初から「テーマ毎」に拾い読みする人などいるわけがなく、できるはずもない。

そこで思いついたのが、読む順番と同じように「神示の一ページ目から順番に解説する本」を書けばよいのではないかということであった。これならば、『完訳版』を読みながら同時に解説も読めるから、先の「高級家電」のような問題点は解消される。

私が知る限り、これまでにこのような解説書が世に出たことはないと思う。少々冒険ではあるが、全く新しい試みとしてやってみる価値はあると思い、執筆を決心した次第である。

日月神示の魔法

さて本書を手にされた読者に、初めに申し上げておきたい大事なことが二つある。
まず一つ目は「日月神示の魔法」についてである。
次の神示をご覧いただきたい。

この神示も身魂により、どんなにでも取れるように書いておくから、取り違いせんようしてくれ。

（第一巻「上つ巻」第二十七帖）

この神示八通りに読めるのぢゃ、七通りまでは今の臣民さんでも何とかわかるなれど、八通り目はなかなかぞ。一厘が隠してあるのぢゃ、隠したものは現われるのぢゃ、現われているのぢゃ。

（第二十三巻「海の巻」第十五帖）

日月神示は神が降ろした深遠な神書・神典であるから、その意味は広く深く、とても一筋縄《ひとすじなわ》で理解できるものではないと誰もが思っているのではないだろうか。実際に読んでみても、抽象度が高く難解であるから、確かに意味を特定するのは困難である場合が多い。
だから「**身魂により、どんなにでも取れる**」とか「**八通りに読める**」と示されれば、「全くそのとおりだ」とつい納得してしまいがちになるが、実はこれが神示解釈の最大のネックとなっていたのである。

ただでさえ抽象的で難解な神示に、「どんなにでも取れる」、「八通りに読める」と書いてあれば、それは「何でもあり」を許すことになり、どんなに突拍子もない解釈でも誰も異議を唱えず批判もしない（できない）ことになる。

これこそ私が「日月神示の魔法」と呼んでいるものだが、この魔法にかかっている人はかなり多いのではないだろうか。

この意味で言えば、私が今から書こうとしている本書も「八通りに読める」ものの一つに過ぎないから、苦労して書いた割には大した意味はないと思われるかもしれない。

だが果たしてそうだろうか？　日月神示の解釈とは「何でもあり」が当たり前なのだろうか？

改めてこのように自問してみれば、私の心の深奥《しんおう》からは躊躇《ためら》うことなく「ノー」という答えが噴出する。

「八通りに読める」とは一点に収束すること

「どんなにでも取れる」、「八通りに読める」とは要するに「解釈」のことであって、八通りのモノが存在するわけではない。これは当たり前の話で、解釈が八通りあるからそのモノも八種類ある（存在する）などというバカなことはあり得ない。

最もよい例が「**てんし様**」である。

日月神示の最重要人物（神でもある）「てんし様」の正体については、研究者によって解釈がバラバラであるが、その解釈とは前述の「どんなにでも取れる」、「八通りに読める」から来ている。

それならば、研究者によって解釈が異なる数だけの「てんし様」が存在するのだろうか？　このことを真剣に考えてみていただきたい。

いるわけがないだろう。それこそ愚《ぐ》の骨頂《こっちょう》だ。てんし様とは唯一のご存在でなければならない。

ここから何がわかるかと言うと、ただお一人の「てんし様」を見る角度や視点によって「どんなにでも取れる」し「八通りに読める」ということである。一つのモノをいろいろな角度から見るといろいろな見え方があるということなのだ。ここが根本的に重要なことである。

つまり解釈はいくらあっても、その解釈が「何でもあり」に発散するものであってはならず、必ず真実の一点に収束《しゅうそく》・収斂《しゅうれん》しなければならないのである。

これが「どんなにでも取れる」、「八通りに読める」ということの真意である。

私は、「八通りに読める」例として、よく「車のカタログ」を引き合いに出す。

どんな車でも、カタログの後ろのほうには、必ずその車の三面図か四面図が載っている。その車を、正面、上、横、後ろから見た図を掲げ、それに寸法を付記している。これを見れば、誰でもその車がどんな形と大きさをしているかがわかるわけで、結局「〇〇車」という一点に収束・収斂する。

これを日月神示式に述べれば、「この車、四通りに読める」となるであろう。よって、日月神示の「八通りに読める」も、この例のように考えれば極めてすっきりと腑《ふ》に落ちるはずである。

このように捉《とら》えれば、私が書こうとしている解説書は真実の一点に迫ろうとするもの、つまり神意を明らかにしようとする試みなのである。

あるテーマに関する私の解釈が正鵠《せいこく》を得ているならば、他の研究者が同じテーマを独自の視点から突き詰めても、必ず「同じ一点」に到達するはずである。

異なるものがあるとすれば、それはアプローチの方向だけである。私のアプローチが右からだとすれば、他の研究者は左からかもしれないが、行き着く先は同じ一点である。

ちょうどゴルフと同じように、グリーン上のどこからアプローチしても目指すのはただ一つのホールであることによく似ている。

「基本十二巻」は大東亜戦争と切っても切れない関係にある

もう一つ大事なこととは、日月神示「基本十二巻」と大東亜戦争の関係である。「基本十二巻」は大東亜《だいとうあ》戦争《せんそう》末期に降ろされ終戦直前に完結している。具体的には初発が昭和十九年六月十日であり、最終が昭和二十年八月十日であった。

これを単なる偶然と考えて無視すると、神示の解読・解釈において致命的なミスを犯すことになってしまう。

なぜ神示「基本十二巻」が戦争末期に降ろされ、終戦のたった五日前に完結しなければならなかったのか？

そこには、**日本の「岩戸」を開き「てんし様」降臨の型を出さなければならなかった**という重大な神仕組があったのである。

日本が原爆を落とされ、終戦直前にソ連（当時）にまで侵攻されて無残な敗北を喫《きっ》したのは、まさに神仕組の成就のためであった。

岡本天明たちが戦火の中で必死に神業を遂行したのも、全てこれに帰結する。

その動かぬ証拠の一つに、広島に「原爆」が投下された昭和二十年八月六日、神が神示の中で**「岩戸開きのはじめの幕開け」**と宣言していることが挙げられる（第十二巻「夜明けの巻」第十一帖）。

また昭和天皇のご聖断によって、連合国が日本に突き付けた「ポツダム宣言」を受託し、降伏・敗戦を決定した同年八月十日には、**「あら楽し、すがすがし、待ちに待ちにし岩戸開けたり」**と神々が大喜びしている神示が降ろされていることも見逃せない（同第十四帖）。

日本が原爆を落とされ戦争に負けたことを「岩戸開き」だと神が大喜びするなど、日本人にとってはブラックジョークなどでは済まない大いなる矛盾・逆説であって、俄《にわか》かには受け入れられないかもしれない。

しかし神は、この第十二巻を「(日本の)夜明けの巻」と命名しているのだ。即《すなわ》ち、原爆と敗戦によって日本の夜が明けたと仰《おっしゃ》っているのである。

このように神仕組とは、人間の常識を遥《はる》かに超えた地平に存在すると考えなければならない。

本来なら右に述べたことは、日月神示を徹底的に研究した結果として判明するものであるが、私は敢《あ》えて最初に述べておきたい。

と言うのも、日月神示と大東亜戦争が切っても切れない関係があるとの視点をもってお読みいただければ、神示の理解がずっと早くかつ容易になると確信するからである。

尚かつ私がこのように断定したことが真実か否か、読者が疑問を持ちつつ検証しながら読み進めることもできる。

初めに重要な結論を提示する形となったが、どうかこのことを頭に入れておいていただきたい。

本解説書は日月神示の神意に迫ろうとする野心的な試み

本解説書は、私が自分自身の視点から日月神示の神意に迫ろうとする野心的な試みである。

勿論全ての帖について、百%正確な解説を書くのは到底不可能であるし、そのことは百も承知している。また神意の深さに溺れそうになるかもしれないし、多くの読み違いやミスもあると思う。

だがそれでも、本書の内容が大筋で神意の方向に向かっていると確信している。それ故《ゆえ》、世に出す決心をしたのである。

本解説書が日月神示信奉者、実践者の理解の一助となり、更には神示研究者の参考資料の一つとして裨益《ひえき》することがあれば望外の喜びである。そして神示解釈をより完全なものに近づけていっていただきたい。

その意味で本書は土台であり、足場としての使命を持つと承知している。

本書の構成について

本書の基本的構成は、『完訳版』に書かれている帖の順番どおり解説するという形になっていて、それぞれの「帖」のすぐ後に「解説」を述べるという「一対一」の構成になっている。

ただ、「基本十二巻」の全解説は膨大《ぼうだい》な量（ページ数）になるため、とても一冊に収録することはできない。このため二巻分を一冊に収録して全六冊とし、二冊ずつのセットを三回に分けて順次刊行する予定である。

解説に当たっては、ポイントを示しながらできるだけわかりやすくなるよう努めたが、一つの帖に重要なテーマが含まれ、その帖だけで解説が完結することが困難である場合は、他の巻や帖を引用したり、また既述の拙著『三部作』への参照を示していることもあるので承知されたい。

本書は私の全力を傾注したものではあるが、全容解明にはまだまだ十分とは言えない。

読者におかれては、どうか本書と併せて「テーマ毎」に書かれている他の解説書などもお読みになり、日月神示をより総合的・多角的に理解されて、ご自身の「惟神《かんながら》の道《みち》」を深めていただきたいと心からお願い申し上げる。

この道は、果てしなく広く深い道なのである。

最後に本書執筆にあたり、中矢伸一氏、黒川柚月氏から格段のご支援ご協力をいただいたことに対し、心から感謝申し上げる。

解説者　内記正時

平成二十六年五月吉日

追記――「伊勢」と「出雲」のむすび

「序文」に「追記」を加えるなど滅多にあることではないだろうが、実は「序文」を書き終えて編集段階に進んだ後に、とんでもなく重要な出来事が生起したので、どうしても新たに書いておかなければならない事態になった。

極めて変則的であるが、このような形で書き加えておくことをご了承いただきたい。

その重要なこととは、皇族「高円宮家《たかまどのみや》」の次女「典子《のりこ》」女王殿下の「ご婚約」内定発表である（平成二十六年五月二十七日報道）。

これは普通に考えてもお目出度いことであるが、心霊的にはその程度の話ではない。

何よりも重要なのは、婚約者の「千家国麿《せんげくにまろ》」氏が「出雲大社」の神職者（禰宜《ねぎ》）であり、現宮司《ぐうじ》の補佐役であってかつご子息（長男）ということである。

いずれは「出雲大社」の宮司を継がれる方である。

日月神示の神仕組を読み解いていくと、「日」と「月」の統合・融合というものが見えてくるが、日とは「天津神《あまつかみ》系」即ち「伊勢系」であり、「月」は「国津神系」即ち「出雲系」を象徴している。

日本神話では、出雲が伊勢に「国譲り」をしたことになっているが、実際は征服と服従の関係であったはずだ。表舞台に立っていたのは「伊勢系」で、「出雲系」は日陰の存在でしかなかった。

日月神示によれば、その「出雲系」が復活して「伊勢系」と融合したときが「神国日本の復活」

であり、「岩戸開き」の中核となるものである。

このように読み解けるのであるが、今回の「婚約」内定発表は、まさに「伊勢」と「出雲」の融合が、地上界の実動として顕現《けんげん》されたことを意味する。

典子女王殿下は皇族であるから当然「伊勢系」であり、一方の千家国麿氏は紛れもなく「出雲系」である。このお二人の結婚を心霊的に見れば、完全な「伊勢」と「出雲」の「融合（むすび）」ということになる。

よってこれを機に、神国日本の動きは「大峠」と「ミロクの世」到来へ向けてますます加速するのは確実な段階になったと言えよう。

以上、本書が世に出る直前になって、極めて重大な神仕組が地上に顕現したことを受けて、追記という形で書き加えた次第である。

このような時期に、本書シリーズが刊行されるのも意味のないことではあるまい。

注：「日」と「月」の統合・融合については、第六巻「日月の巻」に登場する。日月の巻は「日の巻」と「月の巻」の二巻を合わせて「日月の巻」とされているもので、文字どおり「日」と「月」の統合・融合を暗示している。日月神示全巻の中で、こんな特殊な巻は他にはない。

詳しくは、次回刊行予定の第六巻「日月の巻」の解説で述べる。

※本文において、拙著『ときあかし版［完訳］日月神示』、
『奥義編［日月神示］神一厘のすべて』、
及び『秘義編［日月神示］神仕組のすべて』に言及する場合は、
単に『ときあかし版』、『奥義編』、『秘義編』のように略称で記述している場合がある。
また、右の三冊を総合して『三部作』と言う場合もある。

謎解き版［完訳］ⓢ日月神示「その一」第一巻・第二巻
改題 大峠と大洗濯 ときあかし①日月神示【基本十二巻】第一巻 第二巻 目次

序文

第一巻 上《うえ》つ巻（全四十二帖）

第二巻

下《しも》つ巻（全三十八帖）

装丁　櫻井浩（⑥Design）
校正　麦秋アートセンター
本文仮名書体　文麗仮名（キャップス）

⦿

第一巻　上《うえ》つ巻

（全四十二帖）

自　昭和十九年六月十日

至　昭和十九年七月九日

【概説】

第一巻「上《うえ》つ巻」は、日月神示の最初の巻であり、神の「世直し宣言」とその仕組、及び「立替えの大峠」に至るプロセスの概要が述べられている。いわば神示全体の概論・総論に相当する巻である。

この神示の初発が、大東亜戦争《だいとうあせんそう》（＝太平洋戦争）末期の昭和十九年六月十日であることからも推察されるように、日本が大東亜戦争に負けて国の形が根本的に変わることが神仕組の根幹をなしている。

それが「最初の岩戸開き」であり、「ミロクの世」到来への第一歩となるのである。

よって第一巻には、日本が大東亜戦争に負けるという預言的内容も数多く含まれている。

日本が「神国」であることは、日月神示全体にわたってはっきりと示されているが、第一巻第一帖の冒頭には「富士は晴れたり、日本晴れ」とあって、「富士」が神国日本の象徴として記述されているのは注目に値する。

また「富士」自体が神業《しんぎょう》の対象となっているのも、日月神示の大きな特徴である。実際、岡本天明たちが神命によって奉仕した最初の神業も、富士に関するものであった。

また「てんし様」という日月神示の最重要人物（神でもある）も第一帖から登場し、「てんし様は神であり世界の王になられる」と明示されている。ミロクの世における王が「てんし様」なのだから、日本が神国であることを考えれば、「てんし様」が日本から出ることは、この段階でも予想される。

その一方で「てんし様」の臣民であるべき日本人は、苦に負けて神が呆《あき》れるほど落ちぶれていると指摘され、ここに、地上界の主役である臣民の「身魂磨《みたまみが》き」が必要な理由が明らかにされている。


ところで日月神示の初発は「六月十日」であるが、私はこの日付には重大な意味が込められていると考えていた。

日月神示は「大本《おおもと》」からの流れを色濃く引き継いでいるので、先行する大本の祭祀《さいし》にヒントがあるのではないかとも考えたが、はっきりと「六月十日」に該当するものは見当たらなかった。

長い間手掛かりが見つからなかったが、『岡本天明伝』（ヒカルランド）の著者・黒川柚月氏が有力な説を唱えておられることを知り、それには私も深く頷《うなず》くところがあるのでここに紹介しておきたい。


黒川氏によれば、「六月十日」とは「ミロクの世」に向けた「出発の日」であると言う。

実は、江戸時代の「富士講《ふじこう》」中興《ちゅうこう》の祖と言われる「食行身禄《じきぎょうみろく》」という行者《ぎょうじゃ》が、「ミロクの世」を招来するために、富士山で入定《にゅうじょう》し即身成仏になる目的で江戸を出発したのが、享保十八年（一七三三年）六月十日であった。

昔は旧暦であったから、満月である六月十五日には頂上に辿り着いて、翌朝のご来光を迎えるのが何よりの果報であると考えられ、そこから逆算して五日前の六月十日に出発したということのようである。

「富士講」とは富士山を信仰する講組織であり、日月神示との関係も深いが、岡本天明が奉職していた鳩森八幡《はとのもりはちまん》神社境内には、その「富士講」が建立《こんりゅう》した最古の「富士塚」が存在し、日月神示に預言された「⦿の米《こめ》（＝お土米）」が富士塚から出てきている（第五帖参照）。

そして何よりも、神示冒頭に「富士は晴れたり、日本晴れ……」とあるように、「富士」こそが神国日本の象徴であり、同時に至高の聖地とされている。

この富士が「日本晴れ」になることこそ「ミロクの世」到来を意味する。

このようなことから、「富士講」の「食行身禄」行者が、「ミロクの世」招来のため「富士」を目指して出発した日である「六月十日」を、日月神示の神が神示初発の日として選んだと考えるのは極めて理に適《かな》っているし自然でもある。

行者の名前が「食行身禄」と「みろく」の読みを当てていることも偶然とは思えない。

よって私も、黒川氏の説が真実か、もしくは真実に近いと考えている。

第一帖（一）

富士は晴れたり、日本晴れ。⦿《かみ》の国のまことの⦿の力をあらわす代《よ》となれる。仏もキリストも何も彼《か》もはっきり助けて、しち難しい御苦労のない代が来るから、身魂《みたま》を不断に磨いて一筋の誠を通してくれよ。

いま一苦労あるが、この苦労は身魂をみがいておらぬと越せぬ、この世始まって二度とない苦労である。この結びは⦿の力でないと何も出来ん、人間の算盤《そろばん》でははじけんことぞ。日本はお土が上がる、外国はお土が下がる。都《みやこ》の大洗濯、鄙《ひな》（田舎）の大洗濯、人のお洗濯、今度はどうもこらえてくれというところまで、後へ引かぬから、そのつもりでかかって来い。⦿の⦿の力を、はっきりと見せてやる時が来た。

嬉しくて苦しむ者と、苦しくて喜ぶ者と出て来る。⦿は⦿の国、神の力でないと、何も成就せん。人の力で何が出来たか、みな神がさしているのだ。いつでも⦿かかれるように、綺麗に洗濯しておりてくれよ。戦《いくさ》は今年中と言っているが、そんなちょこい戦ではない、世界中の洗濯ざから、いらぬものが無くなるまでは、終らぬ道理がわからぬか。臣民同士のいくさでない、神と神、あかとあか、人と人、ニクとニク、タマとタマの戦ぞ。己の心を見よ、戦が済んでいないであろ、それで戦が済むと思うているとは、あきれたものぞ、早く掃除せぬと間に合わん、何より掃除が第一。さびしさは人のみかは、神は幾万倍ぞ、さびしさ越えて時を待つ。⦿が世界の王になる、てんし様が神とわからん臣民ばかり。口と心と行《おこない》と、三つ揃うたまことを命《みこと》というぞ。神の臣民みな命になる身魂、掃除身魂結構。

（昭和十九年六月の十日、ひつくのか三）

【解説】

日月神示の初発は昭和十九年六月十日であるが、この日に降ろされたのが第一帖と次に述べる第二帖の二つである。

黒川柚月氏によれば、岡本天明は第一帖を「父の教え」、第二帖を「母の教え」として最も重視していたと言うが、この二つの帖をよく読めば、そこには「日月神示の中心テーマ、エキス」が凝縮《ぎょうしゅく》されていることがわかる。

細部の説明に入る前に、本帖に示された「父の教え」を箇条書き風にまとめてみよう。

①神の国日本にまことの神の力が現われて新しい世界（ミロクの世）が到来する。

・富士は晴れたり、日本晴れ。⦿《かみ》の国のまことの⦿の力をあらわす代《よ》となれる
・仏もキリストも何も彼《か》もはっきり助けて、しち難しい御苦労のない代が来る
・このむすびは⦿の力でないと何も出来ん
・⦿（元）の⦿（神）の力を、はっきりと見せてやる時が来た
・⦿（日本）は⦿（神）の国、神の力でないと、何も成就せん

②ミロクの世が到来する前に立替えの「大峠」が来る。

・この世始まって二度とない苦労である

・日本はお土が上がる、外国はお土が下がる

・都《みやこ》の大洗濯、鄙《ひな》（田舎）の大洗濯、人のお洗濯

・今度はどうもこらえてくれというところまで、後へ引かぬ

・戦《いくさ》は今年中と言っているが、そんなちょこい戦ではない

・世界中の洗濯ざから、いらぬものが無くなるまでは終わらぬ道理

・神と神、あかとあか、人と人、ニクとニク、タマとタマの戦ぞ

③**身魂を磨いていないと立替えの「大峠」は越せない。**

・身魂《みたま》を不断に磨いて一筋の誠を通してくれよ

・この苦労は身魂をみがいておらぬと越せぬ

・嬉しくて苦しむ者と、苦しくて喜ぶ者と出て来る

・いつでも⦿かかれるように、綺麗に洗濯しておりてくれよ

・早く掃除せぬと間に合わん、何より掃除が第一

④**「てんし様」がミロクの世の王になる。**

・⦿が世界の王になる

・てんし様が神とわからん臣民ばかり

⑤**てんし様の臣民は「みこと（命）」になる身魂である。**

・口と心と行《おこない》と、三つ揃うたまことを命《みこと》というぞ

・神の臣民みな命になる身魂

本帖にはいろいろな内容が順不同で書かれているが、よく読んでいただければ右の①～⑤にまとまることがおわかりになるはずだ。

そしてこの五項目が「父の教え」として、「日月神示の中心テーマ、エキス」の主要部分なのである。勿論これに第二帖「母の教え」の内容が加わるのは言うまでもない。

このように、第一帖には「**神国日本**」、「**神力発動（＝岩戸開き）**」、「**新しい世界（＝ミロクの世）の到来**」、「**立替えの大峠**」、「**身魂磨き**」、「**てんし様**」、「**臣民のみこと（命）**」などなど、日月神示の最重要テーマの多くが含まれている。

まずこのことを頭に入れておいていただきたい。

その上で帖中の重要な箇所を個別に見ていくと、まず冒頭の「**富士は晴れたり、日本晴れ**」とは、富士に象徴される「神国日本」が日本晴れとなるように、日本が新しい世（＝ミロクの世）の中心として復活し、光り輝いている様《さま》を指すと考えて間違いないだろう。

「富士」は世界中が知っている日本一の霊峰・秀峰であり、まさしく日本の象徴そのものであって、日月神示でも随所に「富士」が登場し極めて重視されている。

また「富士」は単に日本の象徴としての意味合いにとどまらず、ミロクの世実現のための重要な

「**神仕組**（＝富士の仕組、カイの仕組）」の一つでもあり、岡本天明たちに命じられた「神業」の舞台でもある。

このように「富士」に秘められた意味は極めて大きい。

次の「**仏もキリストも何も彼《か》もはっきり助けて**」とあるのは、「ミロクの世」では世界中の宗教が本来の「万教同根《ばんきょうどうこん》、万教帰一《きいつ》」に戻るということであり、あらゆる宗教が「元はひとつ」であることの本質が明らかにされるという意味である。

各宗教はその「分かれ」に過ぎないということが理解されるのである。

注意すべきは、「元はひとつ」と言っても世界中全ての宗教が形の上で一つに統一されるということではなく、それぞれの「霊的根元」が同じであるという根本神理《しんり》に気づくという意味である。

「**日本はお土が上がる、外国はお土が下がる**」とは、「立替えの大峠」の物理的な側面として見れば、日本の国土が隆起し、その反対に外国の国土は沈降するという「大地殻変動」を指すとも考えられる。

「大峠」が来れば、巨大な天変地異《てんぺんちい》が起こると解釈できる箇所が神示のあちこちに書かれているから、常識的に考えれば、大規模な地殻変動によって陸地の隆起・沈降が起こることは十分予想される。

ただ物理的に日本の国土だけが隆起し、外国の国土が沈むというような事態はいささか不自然であるから、私としてはそこまで特化した解釈は採《と》れない。

その一方、霊的視点で見た場合は、日本の国土は国祖様《こくそさま》（＝国常立大神《くにとこたちおおかみ》）の御身体《おからだ》であるから、「ミロクの世」では日本が世界の中心となり、それ故日本の神格が外国より遥かに上位であることが明らかにされることだと解される。

私はここは霊的視点で見るほうが適切ではないかと考えているが、勿論「大地殻変動」自体を否定するものではない。

「今度はどうもこらえてくれというところまで、後へ引かぬから、そのつもりでかかって来い」とあるが、ここで神は誰に対して「かかって来い」と仰《おっしゃ》っているのであろうか？

日月神示は、この世が我《わ》れ善《よ》しの悪神とそれに従う人間によって、落ちるところまで落ちていると随所で指摘しているから、「かかって来る相手」とは明らかに「悪神」であり、また「洗濯（＝身魂磨き）」に抵抗しようとする「人間」である。

それらの悪神と人間に対して神は、「（今度の洗濯は）**いらぬものが無くなるまでは、終らぬ**」と断言していることに注意していただきたい。情け容赦はせず徹底的にやるという意味である。

本帖で「**洗濯**」とあるのは、「**身魂磨き**」と同じ意味で使われており、神示ではこれ以外にも「**メグリ取り**」、「**改心**」、「**掃除**」、「**借銭済まし**」という表現が用いられている。これらの語句は今後頻繁《ひんぱん》に登場するので、頭に入れておいていただいたほうがよいと思う。何故《なぜ》このように多様な表現を用いるのかというと、ある特定の言葉や表現だけでは神意の意味が固定化され、より深い意味が伝わらなくなる恐れがあるからだと思われる。

神意とは人間の言葉を超えた更なる深奥《しんおう》にあるからである。

これと似たものが、第一帖の後半に登場する「**命**《みこと》」という言葉である。「**みこと**」も一つの言葉や表現では神意を完全に言い表すことができない重要なものである。本帖では、「口、心、行《おこない》」の三つが揃《そろ》った「まこと」を「**みこと（＝三つのまこと）**」と説明しているが、これ以外にも、「御言《みこと》」、「言霊《ことたま》」、「神がなさる出来事」のように解される「みこと」もある。

このように神示解読においては、人間がある言葉に「厳密な定義付け」を与えようとすれば、かえってわけがわからなくなる恐れがあることに注意していただきたい。

神示解釈には柔軟性が要求されるのである。

次に「**嬉しくて苦しむ者と、苦しくて喜ぶ者と出て来る**」と言うのは、日月神示特有の逆説的表現である。神示にはこのような表現が非常に多く登場するが、ほとんどの場合、そこには重要な密意《みつい》が秘められている。

ここで「**嬉しくて苦しむ者**」とは、この世的な幸福を追求しそれに満足する者のことであると思われるが、このような者は「身魂磨き（メグリ取り）」から逃げ回るのがオチであるから、先に行くほど苦しむことになる。

対する「**苦しくて喜ぶ者**」とは、「メグリ」に正面から立ち向かい、初めは苦しいがやがてそれを克服して身魂の深化・向上を喜ぶ者と解釈できる。

端的には、前者は「体主霊従に固執《こしゅう》して苦しむ者」であり、後者は「霊主体従になって喜ぶ者」と言ってもよいであろう。

ここで重要なのは、「嬉しくて苦しむ者」と「苦しくて喜ぶ者」とは、一部の人間だけがそうなるのではなく、全ての臣民が対象になるということである。例外はない。

つまりは日月神示を知っているとか知らないとかの話ではなく、全ての人間が必ずどちらかの区分に入ってしまう神仕組のことを述べているのである。

それ故に、「**いらぬものが無くなるまでは、終らぬ**」とあるのだ。

勿論、これをお読みの「あなた」も例外ではない。

「**⦿は⦿の国、神の力でないと、何も成就せん**」とある部分で、最初の「**⦿は⦿の国**」は「日本は神の国」と読む。ここは、日本が神国であると最初に明示された重要な箇所である。

神国であるが故に「**神の力でないと、何も成就しない**」のであるが、そのために必要不可欠であるのが臣民の「**洗濯（＝身魂磨き、メグリ取り）**」であることを忘れないでいただきたい。

「**神と神、あかとあか、人と人、ニクとニク、タマとタマの戦ぞ**」とあるのは、ミロクの世に至る前の「立替えの大峠」が、神界、幽界、顕界《けんかい》の三千世界全てに及ぶ大戦《おおいくさ》であることを指すと思われる。「**神と神**」、「**人と人**」、「**ニクとニク（肉と肉）**」、「**タマとタマ（霊と霊）**」などの表現からそのことが窺《うかが》える。

ただ「**あかとあか**」が何を指すのかは、残念ながら定かでない。「あか＝赤＝共産主義」と考えられないこともないが、これだと他の語句との整合性がなく不自然な解釈になってしまう。

むしろ、「あか」ではなく「あく（悪）」であれば、「神と神、悪と悪、人と人、ニク（肉）とニク（肉）、タマ（霊）とタマ（霊）」となるからスッキリと整合するのだが、翻訳される前の神示原文も平仮名で「あかとあか」となっているので、残念ながら、「あく（悪）」が正しいという証拠はない。

私もここは納得できる解釈には至っていないので、読者の中でこれはという解釈をしておられる人がおられれば、是非《ぜひ》教えていただきたくお願い申し上げる。

「**⦿が世界の王になる、てんし様が神とわからん臣民ばかり**」とある箇所は、日月神示初発において早くも「**てんし様**」が登場されたという意味で極めて重要である。

「てんし様」は日月神示の神仕組において、核心的に重要なご存在である。

「てんし様」とは、来《きた》るべき「ミロクの世」でその「王（＝スメラミコト）」になられる御方《おかた》であって、「てんし様」が存在しなければ「ミロクの世」そのものの存在意義もない。

本帖では「てんし様の正体」までは明らかにされていないため、この後登場する多くの帖やピースを総合的に検討しなければならないが、少なくとも人間の言葉で「てんし様」と言うときは、「スメラミコト→天皇」との関係を無視することは絶対にできない。

また日本が神国であるから、「てんし様」は日本から現われるはずだということも、この段階で押さえておかなければならない。

それと臣民にとって最も重要なことは、「**てんし様が神とわからん**」と指摘されていることである。

つまり、「てんし様」を神ではなく臣民と同じ人間のレベルで捉えているということであろうが、このように臣民の「てんし様」に対する認識は、ハナから間違っていると指摘されていることは肝《きも》に銘ずべきである。

（注：「てんし様」に関する詳細は、拙著『ときあかし版』及び『奥義編』を参照されたい）

第二帖（二）

親と子であるから、臣民は可愛いから旅の苦をさしてあるに、苦に負けてよくもここまでおちぶれてしもうたな。鼠《ねずみ》でも三日先のことを知るのに、臣民は一寸先さえわからぬほどに、よくも曇りなされたな、それでも⦿の国の臣民、天道人を殺さず、食べ物がなくなっても死にはせぬ、ほんのしばらくぞ。木の根でも食うておれ。闇のあとには夜明け来る。神は見通しざから、心配するな。手柄は千倍万倍にして返すから、人に知れたら帳引きとなるから、人に知れんように、人のため国のため働けよ、それがまことの⦿の臣民ぞ。酒と煙草も勝手に作って暮らせる善き世になる、それまで我慢できない臣民沢山ある。早く⦿の神の申す通りにせねば、世界を泥で海にせねばならぬから、早う⦿神心になりてくれよ、神頼むぞよ。盲が盲を手を引いて、何処へ行くつもりやら、気のついた人から、まことの神の容れものになりてくれよ。悪の楽しみは先に行くほど苦しくなるから、初めは辛いなれど、先を楽しみに辛抱してくれよ。配給は配給、統制は統制のやり方、神のやり方は⦿の光、臣民ばかりでなく、草木も喜ぶやり方ぞ、日の光は⦿の心ぞ。いざ人の知恵で一つでも善きことしたか、何もかも出来そこないばかり、にっちもさっちもならんことにしていても、まだ気がつかん、盲には困る困る。救はねばならず、助かる臣民はなく、泥の海にするは易《やす》いなれど、それでは⦿の神様に済まず、これだけにこと分けて知らしてあるに、聞かねばまだまだ痛い目をみせねばならん。冬の先が春とは限らんぞ。⦿の国を八つに切って殺す悪の計画、⦿の国にも外国の臣《しん》がおり、外国にも⦿の子がいる。岩戸開けたら人にわかる。六月の十日、書は、ひつくのか三。てんめ御苦労ぞ。

(昭和十九年六月十日、ひつくのか三)

【解説】

本帖は第一帖と同じ日に降ろされたもので、第一帖と同様、神示全体の中心テーマ、エキスが凝縮されて述べられていると考えてよい。岡本天明が本帖を「母の教え」と呼んでいたことは既述のとおりである。

ではここでも第一帖と同じように、まずは「母の教え」をまとめることから始めよう。

⑥てんし様の臣民は落ちぶれている。

・親と子であるから、臣民は可愛いから旅の苦労をさしてあるに、苦に負けてよくもここまでおちぶれてしもうたな

・鼠《ねずみ》でも三日先のことを知るのに、臣民は一寸先さえわからぬほどに、よくも曇りなされたな

・早く⦿《もと》の神の申す通りにせねば、世界を泥で海にせねばならぬ

・盲が盲を手を引いて、何処へ行くつもりやら。盲には困る困る

・聞かねばまだまだ痛い目をみせねばならん

⑦⦿の心は日の光である。

・神のやり方は⦿の光、臣民ばかりでなく、草木も喜ぶやり方ぞ

・日の光は⦿の心ぞ

⑧日本を殺そうとする悪神の計画は「岩戸」が開けたらわかる。

・闇のあとには夜明け来る
・⦿の国を八つに切って殺す悪の計画
・⦿の国にも外国の臣《しん》がおり、外国にも⦿の子がいる
・岩戸開けたら人にわかる

右の⑥～⑧は、第一帖「父の教え」の続きとして一連番号を付している。

この三項目も間違いなく日月神示の中心テーマでありエキスであって、「日月神示に何が書いてあるのか？」と問われたならば、①～⑧を説明すれば神意から逸脱《いつだつ》することはないはずである。

では個別の説明に入っていきたい。

「**鼠《ねずみ》でも三日先のことを知るのに、臣民は一寸先さえわからぬ**」と、臣民は鼠以下であるとまで酷評されているばかりか、人の知恵とは「**盲が盲を手を引く**」ようなもので、「**何もかも出来そこない**」で「**にっちもさっちもならんこと**」になっていると指摘されている。

この帖は昭和十九年六月のものだから、ここで言う臣民とはその当時の臣民について述べていると思われるが、では、今の臣民はもっとマトモになっているのかと言えば、残念ながら状況は最悪であるとしか言えないであろう。

霊的な意味で、当時を地獄の二段目とするなら、今は間違いなく三段目まで落ちている。

しかしこんな臣民であっても⦿は決して見捨てることはせず、「**早う⦿神心になりてくれよ、神頼むぞよ**」とまで仰《おっしゃ》っていることに、我々は重大な関心と感謝を持たなければならない。

と言うのは、臣民の覚醒《かくせい》（＝洗濯、身魂磨き）がなければ、「岩戸開き」を経て「ミロクの世」に至るという大いなる神仕組が成就しないからである。

神と人が合一し、神人交流となってなすのが「ミロクの世」なのである。我々は一刻も早く「**まことの⦿の臣民**」になって、「**人に知れんように、人のため国のため働く**」ことが求められている。

これに関連するが、「**悪の楽しみは先に行くほど苦しくなるから、初めは辛いなれど、先を楽しみに辛抱してくれよ**」とある部分は、臣民の「洗濯、身魂磨き」のあるべき姿を示していることはおわかりだろう。「身魂磨き」とは、初めは辛《つら》いが先に行くほど楽な道になるのである。

またこの部分は、前述の第一帖で解説した「**嬉しくて苦しむ者と、苦しくて喜ぶ者と出て来る**」と同じ意味であることに気がつかれただろうか。

「嬉しくて苦しむ者」とは「悪の楽しみは先に行くほど苦しくなる」ことに対応し、逆に、「苦しくて喜ぶ者」とは「初めは辛いなれど、先を楽しみに辛抱する」ことに対応するからである。

このように、日月神示は、様々な表現を用い、あの手この手で神理（真理）を理解させようとしている。

本帖にはまた、「人間のやり方」に対して「神のやり方」が示されていることも特徴の一つである。

「**神のやり方は⦿の光、臣民ばかりでなく、草木も喜ぶやり方ぞ、日の光は⦿の心ぞ**」とある部分がそれである。ここで「日の光は⦿の心」とあるように、神のやり方は「**与える**」ことが基本であって、来るべきミロクの世では必ずこうなるのである。

「**早く⦿の神の申す通りにせねば、世界を泥で海にせねばならぬ**」とか、「**冬の先が春とは限らんぞ。⦿の国を八つに切って殺す悪の計画**」とあるのは、将来起こる「立替えの大峠」の様相の一部であると思われる。

これらだけでも、何かとんでもないこと（大戦争、天変地異など）が起きる予感を覚えるが、具体的に何が起こるのか本帖だけではよくわからないままである。

これを浮き彫りにするには、神示全体から「大峠」に関連するピースを集めて、「ジグソーパズル」を組み立てるようにピース相互の関連性や意味合いを考察し、総合的に見なければならない。と言っても本書はテーマ毎の解説を目的としたものではないので、そこまでは踏み込む紙幅はない。「大峠」について具体的にお知りになりたい方は、拙著第一作『ときあかし版』大峠の章に詳述しているのでそちらを参照していただきたい。

ここでは、「大峠」のクライマックスが大規模な「**地球自体のポールシフト（＝極移動）による南北逆転**」であると考えられることだけを付記しておく。

勿論これは私の仮説である。

後半の「**㋹の国にも外国の臣《しん》がおり、外国にも㋹の子がいる**」については、文字どおり解釈すると「日本にも外国人が住んでおり、外国にも日本人が住んでいる」となるが、これでは全く解釈したことにならない。こんな当たり前のことをわざわざ神示に降ろす意味はないからだ。

ここは深読みが必要で、本来、神国日本には日本人（＝真の日本人、スメラの民）しか住んではならず、外国には外国人（＝スメラの民以外の外国人、ユダヤの民）が住むのが霊的秩序に適《かな》うことなのであるが、五度の「岩戸閉め」を経て世界が悪神の支配する世となったため、秩序が無視されて混乱の極みに落ちてしまい、日本人も外国人も混合状態になっていることを指している。

このように理解しなければ、神示の全体的な意味を正確に採ることはできない。来るべき「ミロクの世」は本来の霊的秩序に戻って、霊格に応じた住み分けが当たり前になるのである。

なお、右の「スメラ（の民）、ユダヤ（の民）」もまた極めて大きなテーマであり、詳細については第二作『奥義編』第四章　スメラとユダヤに記述しているので、是非参照していただきたい。

最後の「**てんめ御苦労ぞ**」であるが、これは「天明御苦労ぞ」であって、神が岡本天明の苦労や努力を労《ねぎら》っていることは誰でもわかるはずだ。

ここには解釈上問題となるものは何もないように見えるから、簡単に見過ごされがちだと思うが、実はここには神示を理解する上で極めて大事なヒントが含まれている。

と言うのは、神が「因縁の身魂」に対して直接神示を降ろしている（＝呼びかけている）ことが
ここで明らかになっているからである。

日月神示は、広い意味では日本人、或いは全人類に対して降ろされたものと言えるが、神業《しんぎょう》に携《たずさ》わる「因縁の身魂」に対しては直接神示を与え、その労を労ったり神業の指示を与えることがあるのである。

ここでこのことをしっかり押さえておいていただきたい。神示にはこのようなものが結構多く、「基本十二巻」でも頻出《ひんしゅつ》している。


前後が逆になったが、本帖では戦時中の社会情勢に立脚した表現が見られることも押さえておこう。戦時中は物資不足で国民は困窮《こんきゅう》を強《し》いられ、しかも「国家総動員法」による統制経済で締め付けられていた。

「**配給は配給、統制は統制のやり方**」とあるのがそれである。神はこのような酷《ひど》い状況を引き合いに出して、「**神のやり方は⦿の光、臣民ばかりでなく、草木も喜ぶやり方ぞ、日の光は⦿の心ぞ**」と対比的に述べているのである。

「**酒と煙草も勝手に作って暮らせる善き世になる**」とあるのも統制経済との対比で述べている。

「ミロクの世」では酒や煙草を勝手に作ることができるというのは、やや腑《ふ》に落ちない表現である

が、これは今の我々が飲んだり吸ったりしている酒や煙草ではない「別の酒、煙草」だと神示は示している。

人力屋、酒屋、料理屋、芸妓屋《げいこや》、娼妓《しょうぎ》、無く致すぞ、世潰すもとざぞ、菓子、饅頭《まんじゅう》も要らんぞ、煙草もクセぞ、善き世になりたら別の酒、煙草、菓子、饅頭出来るぞ、勝手に造ってよいのざぞ、それ商売にはさせんぞ。

（第二十一巻「空の巻」第十三帖）

右のように、「**善き世になったら別の酒、煙草、菓子、饅頭出来るぞ、勝手に造ってよいのざぞ**」とあるのは注目すべきであるが、それがどんなものかは「ミロクの世」に行った者でないと知り得ない。

ただ「**それ商売にはさせんぞ**」とあるから、金儲けと無関係であることは確かだ。

一点補足すると、日月神示は我々人間に対して「**臣民**」という言葉で呼んでいるが、「臣《しん》」という字からわかるように、「臣民」とは本来「君―臣」の関係で成り立つものであることに注意していただきたい。

ここで「君」とはミロクの世の王である「てんし様」のことであるから、「臣民」とはつまるところ、「てんし様の臣民」という意味になる。「てんし様」を離れた「臣民」はあり得ないのである。

以上で、第一帖「父の教え」と第二帖「母の教え」の説明を終わるが、この二つには「日月神示の中心テーマ」が凝縮されていることをどうか忘れないでいただきたい。

全三十七巻、補巻二巻、総計九九二にも及ぶ帖のエキスがここにある。

これは神示を解釈する上で「礎《いしずえ》」になるもので、迷ったら立ち返るべき重要な立ち位置でもある。

それ故、紙幅を惜しまず①～⑧をもう一度掲げておきたい。

【父の教え】

① 神の国日本にまことの神力が発動しミロクの世が到来する。

② その前に立替えの大峠がある。

③ 身魂を磨かないと大峠は越せない。

④ てんし様がミロクの世の王になる。

⑤ てんし様の臣民はみこと（命）である。

【母の教え】 母の言葉として

⑥ 臣民は落ちぶれています。

⑦⦿の心は日の光のように与える一方です。

⑧日本には悪神の計画が仕掛けられています。岩戸が開ければわかります。

（注：本帖に登場する「盲」という語は「めくら」と読むが、現在この読み方は差別的表現とされているので注意されたい。無難な読み方は「もう」である）

第三帖（三）

善事《よごと》は神、何も上下《うえした》、下ひっくり返っているから、わからんから、⦿の心になれば何事もわかるから、鏡を掃除してくれよ。今にこのおつげが一二三《ヒフミ》ばかりになるから、それまでに身魂をみがいておかんと、身魂の曇った人には何とも読めんから、早く⦿こころに替えておりてくれ、何も一度に出て来る。海が陸《おか》になり、陸が海になる。

（昭和十九年六月十一日の朝のお告げ、みよみよみよ。ひつくの十）

【解説】

読者もご存じのように、日月神示の原文は多くが漢数字であり、それ以外には独特の記号やひら仮名《がな》で書記されている。我々が日本語で読める日月神示（または「ひふみ神示」）は、神示原文を岡本天明たちが翻訳したものである。

翻訳された神示の言葉遣《づか》いや表現は独特であり、現代人の感覚とは少し異なるところもあって、少し読みにくさがあることは否《いな》めない。

訳文を解釈し意味を採《と》るに当たっては、一字一句の意味に拘《こだわ》りすぎると、今度は全体の意味がよくわからなくなることがあるので注意しなければならない。重要なのは、その帖（または特定のテーマを記述しているピースとなる文章）が全体として何を告げているかを把握することなのである。

木だけを見て森を見過ごす愚《ぐ》を犯してはならない。

こうした観点から第三帖を見ると、まず「**今の世は何もかも上下引っくり返っているが、臣民にはそれがわかっていない**」と指摘していることが重要である。臣民がわかるためには神の心になることが必要で、そのために「**鏡を掃除**」せよと述べているのである。ここで「鏡の掃除」とは「**洗濯、身魂磨き**」と同義であることは説明の要がないであろう。

「**今にこのおつげが一二三《ヒフミ》ばかりになる**」とは、「おつげ」＝「一二三」＝「一二三《ひふみ》（日月）神示」と解される。本帖を含めてここまでに降ろされたのはまだ「三つの帖」でしかないが、今後多くの「巻」や「帖」を降ろし、それをまとめたものが「一二三（日月）神示」になると、神は仰《おつしゃ》っているのである。

大事なことは、「**身魂の曇った人には何とも読めん**」とあることで、神示の解読・解釈は身魂が曇っていては不可能だと神自身が述べておられることだ。

ここにも「身魂磨き」の重要性がある。

「**何も一度に出て来る。海が陸《おか》になり、陸が海になる**」とは、「大峠」の様相の一端であろう。

ここは明らかに物理的な陸地の隆起と沈降が起こると解されるから、大峠の実相には「地殻の大変動」が含まれることが確実である。第一帖で述べた、「**日本はお土が上がる、外国はお土が下がる**」という神示もこれと重なる。

それらが「**一度に出て来る**」というのであるから、全世界的規模でほぼ同時に（或いは短期間に集中して）地殻変動が生起すると考えられる。

なお冒頭の「**善事《よごと》は神**」という部分は、文字どおり採れば「善き事は神」となるが、これを人間心で「人間にとって都合のよいことは神の計らい」などと勝手な解釈をしてはならない。

何故ならば、神から見た「善き事」とは、臣民の「身魂」が磨かれることであるが、臣民にとってはそれが自分自身の「艱難辛苦《かんなんしんく》」となって襲いかかってくるのが普通だからである。

私は、「世の中に起こること全ては神の意思であり計らい」であるという意味において、ここはむしろ「善事は神」より「世事は神」という文字を当てるほうが神意に近いと思うが如何《いかが》であろうか。

第四帖（四）

急ぐなれど、臣民なかなかに言うこと聞かぬから、言うこと聞かねば、聞くようにして聞かす。神には何もかも出来ているが、臣民まだ眼覚めぬか、金のいらぬ楽の世になるのぞ。早く⦿祀りてくれよ、神祀らねば何も出来ぬぞ。表の裏は裏、裏の裏がある世ぞ。⦿をダシにして、今の上の人がいるから、⦿の力が出ないのぞ。お上《かみ》に大神を祀りて、政事《まつりごと》をせねば治まらん。この神を祀るのは、見晴らし台ぞ、富士見晴らし台ぞ、早く祀りて御告げを世に広めてくれよ。早く知らさねば日本がつぶれるようなことになるから、早う祀りて⦿の申すようにしてくれ。⦿急《せ》けるよ。

上ばかりよくてもならぬ、下ばかりよくてもならぬ、上下揃《そろ》うた善き世が神の世ぞ。卍《ドイツ》も一十《イタリー》もあてにならぬ、世界中一つになりて⦿の国に寄せて来るぞ。それなのに今のやり方でよいと思うているのか、わからねば神に尋ねて政事せねばならぬということまだわからぬか。神と人とがまつり合わしてこの世のことがさしてあるのぞ。人が聞かねば神ばかりで始めるぞ。神ばかりで洗濯するのは早いなれど、それでは臣民が可哀そうなから、臣民みなやり直さねばならぬから、気をつけているのに何しているのざ、いつどんなことあっても知らんぞ、神祀り第一、神祀り結構。扶桑《ふそう》の木《こ》ノ花咲耶姫《はなさくやひめ》の神様を祀りてくれよ。コノハナサクヤ姫様も祀りてくれよ。
（昭和十九年六月十三日の日しるす、ひつきのか三）

【解説】

本帖も多様なテーマを含んでいるが、底流となっているのはやはり「臣民の堕落《だらく》」とそれに対する「神の叱咤激励《しったげきれい》」である。

「**臣民なかなかに言うこと聞かぬから、言うこと聞かねば、聞くようにして聞かす**」、「**臣民まだ眼覚めぬか**」、「**上ばかりよくてもならぬ、下ばかりよくてもならぬ**」、「**人が聞かねば神ばかりで始めるぞ**」などなど、相変わらず手厳しい指摘のオンパレードが続いている。

ここで「言うこと聞かねば、聞くようにして聞かす」という神らしからぬ脅迫めいた表現は、文字どおり解釈すれば、神が強制力を発揮して無理やり言うことを聞かすとも取れるが、神が人間の意志を無視してそんなやり方をされるわけがない。このことは明白である。

第一そんなことで「ミロクの世」になるのなら、臣民に「身魂磨き」とか「メグリ取り」を促《うなが》す必要は何もないことになる。

よって、「**聞くようにして聞かす**」とは、臣民が自らのメグリに早期に直面し、否応《いやおう》なく「身魂磨き」に向き合わなければならないように外的条件を整えるという意味に解すべきである。

神が何故そんなお節介じみたことをするのかと言えば、今度の岩戸開き、立替え・立て直しを経て「ミロクの世」に至る神仕組成就のためには、「**神と臣民が一体**（＝身魂の磨けた臣民に神が憑《か》かること）」にならなければならないからであって、しかもそこには「（臣民の身魂磨きを）いつまでも待てない」という世の元の大神様（＝根源神）の御神策《ごしんさく》（＝時節のリミット）があるからである。

この辺の事情は、これから先の神示にも頻出する。

また、「**上**」と「**下**」という言葉も出てくるが、これは「全ての臣民」に掛かるものと理解すべきであり、一部の人間や組織だけを指したものではない。尚かつ、「上、下」にはこの世的な権力や富などの上下だけでなく、霊的な上下（＝霊格の高低）も含まれるから、よく判別する必要がある。

とにもかくにも、臣民の「身魂磨き」がミロクの世到来の必須条件であることをよくよく認識しなければならないのである。

次に本帖では、「身魂磨き」と並んで、ミロクの世へ至るためのもう一つの必須条件が登場している。それが「**神祀り**」である。「**早く㋹祀りてくれよ、神祀らねば何も出来ぬぞ**」、「**お上**《かみ》**に大神を祀りて、政事**《まつりごと》**をせねば治まらん**」、「**神と人とがまつり合わしてこの世のことがさしてある**」などからそのことがわかるが、何と言っても「神祀らねば何も出来ぬぞ」と断言されていることの重みを真剣に受け止めなければならない。

端的に言えば、「身魂磨き」と「神祀り」は「ミロクの世」へ至る車の両輪なのである。

ではどこに神を祀るかといえば、「**この神を祀るのは、見晴らし台ぞ、富士見晴らし台ぞ**」と示されているが、この部分だけではよく意味が採れない。

この後の神示を参照すればだんだん意味は明らかになるが、先取りして結論を言えば、「天地一切のものが神であるから、その全てに神を祀る」のであり、また「臣民の身に神の力を張らすこと（＝神人一体になること）」が正解である。


神を祀らなければどうなるであろうか？

右の神示には、「**早く祀りて御告げを世に広めてくれよ。早く知らさねば日本がつぶれるようなことになるから、早う祀りて⦿の申すようにしてくれ**」、「**⦿急《せ》けるよ**」とある。

ここでいう「**御告《おつ》げ**」とは「日月（一二三《ひふみ》）神示」のことであるが、この神示を神を祀ることと並行して早く世に知らさねば日本が潰《つぶ》れるようなことになると言う。しかも「**⦿急《せ》けるよ**」とまで言っているのだ。

これは一体どういうことであろうか？

ここをストレートに解釈すると、「日月神示を一刻も早く多くの日本人に伝えないと、日本が滅びてしまうようなことになる」となるが、実はこれでは全く実情に合わないのである。

第一、日月神示が広く日本中に知れ渡《わた》ったのは、西暦一九九一年に中矢伸一氏が、『宇宙意志より人類へ最終の大預言　日月神示』（徳間書店）を発表してからであって、それまではごく一部の人間しか神示の存在を知らなかったのである。

中矢氏の本は、本帖降下（＝昭和十九年）から実に半世紀近くも経《た》ってから刊行されていて、これ以降多くの日本人が日月神示を知ることになったのであるから、これと先の「⦿急《せ》けるよ」が全く整合しないことは子供でもわかるというものだ。

これは日月神示を解釈する上での盲点の一つであって、「神示が誰に対して降ろされたか」という視点がないまま、何となく「不特定多数に対して降ろされているはずだ」との前提で解釈しようとするからこうなってしまうのだ。

この部分を正しく解釈するには、これが岡本天明（と彼の同志たち）に降ろされたものであるとの前提で読まなければならない。

具体的に、「**早く祀りて御告げを世に広めてくれよ**」とは、日月神示を降ろした神（＝天之日津《あめのひつ》久神《くのかみ》）を祀ることと並行して、「**因縁の身魂**」たちに早く神示を広めてくれと、岡本天明に指示しているのである。

「因縁の身魂」とは神の御用《ごよう》（＝神業《しんぎょう》）に奉仕する臣民のことを言う。

このように解さなければ意味が通じない。誰でもいいから不特定多数の人間に広めることではないのだ。

また、「**早く知らさねば日本がつぶれるようなことになる**」とは、「因縁の身魂」たちが集結し、神示に示す「神業」を行わなければ、文字どおり日本が潰れるようなことになるという意味である。

これが具体的に何のことかと言えば、拙著『ときあかし版』や『奥義編』で詳述したように、大東亜戦争の最終局面で、ソ連（当時）が日ソ中立条約を破って日本に宣戦布告し侵攻した際、日本が終戦判断を誤れば、米・英・中・ソの四カ国による本土分割占領を許してしまうことであった。

そうなってしまえば、神仕組の全てが頓挫《とんざ》してしまうからである。

「因縁の身魂」が集結し、岡本天明を中心とする彼らが戦時中、必死の覚悟で行った「九つの花の神業」により、神国日本には神霊的なバリアーが張られて守護されたと考えられるし、一方では「てんし様（＝スメラミコト、真正天皇）」を祀ってその神霊降下の型を出し、これによって昭和天皇に「てんし様」の神霊が降下されて、可及的速《かきゅうてきすみ》やかなる「終戦のご聖断」に結実したとも考えられるのである。

これによってソ連は日本本土への侵攻の名分が絶たれ、日本の分割占領は免れた。

なおこの辺の事情は、読者が理解しやすいように私が意図的に先取りして書いているものであって、当時の岡本天明たちにこんなことがわかる道理がなかったのは当然である。

このことは記憶にとどめておいていただきたい。

次に本帖には、日本が大東亜戦争に負ける「預言」とも採《と》れる一節があることに気づいていただきたい。

「卐《ドイツ》も一十《イタリー》もあてにならぬ、世界中一つになりて⦿の国に寄せて来るぞ」とある部分がそれだ。

日本はドイツ、イタリアと「三国同盟」を結んでいたが、そのドイツとイタリアが「**あてにならぬ**」、つまり「負ける」と述べており、結果、日本一国が世界中から寄せられる（＝攻められる）とあるから、これは日本が大東亜戦争に負けることを預言したものと考えてよい。

これが、大東亜戦争の「日本敗戦」に関する最初の預言である。

ちなみにイタリアが降伏したのは一九四三年（昭和十八年）九月八日であるから、本帖降下時点では既に降伏していた。またドイツの降伏は一九四五年（昭和二十年）五月七日であった。

少し長くなったが、本帖ではもう一つ重要な説明をしておかなければならない。

「神祀り」に関連して、「**扶桑《ふそう》の木《こ》ノ花咲耶姫《はなさくやひめ》の神様を祀りてくれよ。コノハナサクヤ姫様も祀りてくれよ**」とある部分である。

これは神が岡本天明たちに命じた最初の神業である。「木《こ》ノ花咲耶姫《はなさくやひめ》」とは言うまでもなく富士山信仰の御祭神《ごさいしん》であって、各地の「浅間神社《せんげんじんじゃ》」に祀られている女神である。

神が「木ノ花咲耶姫」を祀れと示したのは、第一帖冒頭に示された「富士は晴れたり、日本晴れ」に繋《つな》がるものであることは容易に想像される。何よりもまずは、神国日本の象徴である「富士」の神を祀ることからスタートするという意味であろう。

日月神示には、「木ノ花咲耶姫」をどのように祀るか具体的な指示は降ろされていないが、天明が奉職していた「鳩森八幡神社《はとのもりはちまん》」境内の「富士塚」は富士山の象徴であり、「浅間神社」が併設されていた。

「浅間神社」の御祭神は「木ノ花咲耶姫」であるから、天明は鳩森八幡神社に奉職しながら、期せずして「木ノ花咲耶姫」を祀ることができる環境に身をおいていたことになる。

よって当然、「富士塚」の「浅間神社」で「木ノ花咲耶姫」を祀ったと考えてよいだろう。

なお、富士塚「浅間神社」の例大祭は六月三日（新暦）であり、神示が降りた六月十日の七日前であった。また、「富士山開き」は七月一日であるが、この日は六月十日から二十一日後（三×七日）に相当し、昔から願掛け満願の日数であった。

このように、「日月神示発祥の日」を中にして、「浅間神社例大祭（七日前）」と「富士山開き（二十一日後）」の間には、「七」または「七の倍数」の関係が秘められているが、これは単なる偶然ではなく、「七」は神界の「基本数」または「基本単位」であるからだ。（参考：『日月神示が語る今この時』ヒカルランド）

なお、基本数「七」については、本巻第十三帖、第二十七帖の解説を参照されたい。

なお「木ノ花咲耶姫」の他に、「**コノハナサクヤ姫**」も祀れとあって、同じ名の神が二柱出てくることに違和感を覚えるのは私だけではあるまい。

これが如何《いか》なる意味なのか、この帖では何の説明もないので判然としないが、神示第十四巻「風の巻」第一帖に、「**同じ名の⦿二柱《ふたはしら》あるのざぞ、善と悪ざぞ……**」とあることと符合すると思われる。

神には「善」と「悪」の二面性があるというのは日月神示の奥義でもあり、これ故に「**善も悪も共に抱き参らせる**」という神仕組が成立するのであるが、おそらく「木ノ花咲耶姫」と「コノハナサクヤ姫」もこのように考えてよいのではないか。

とは言っても、当時の岡本天明たちにこのような奥義はまだ伝えられていなかったはずだから、おそらく天明たちは全くわけがわからないまま、それでも神の指示に素直に従って神業に奉仕したのであろうと思われる。

「因縁の身魂」とは、神に対する「素直さ」が非常に重要な資質であることがわかる。

なお「**扶桑《ふそう》**」とは、古来中国で「日の出る東海の中にあるとされた神木、またはそれがある場所」を示した言葉であるが、転じて「日本」を指す言葉となっている。

すなわち「**扶桑《ふそう》の木《こ》ノ花咲耶姫《はなさくやひめ》の神様を祀りてくれよ**」とは、「**日出ずる神国日本、その象徴である富士を祀れ**」と同義である。

第五帖（五）

富士とは⦿の山のことぞ。神の山はみな富士と言うのぞ。みはらし台とは、身を張らすとこぞ、身を張らすとは、身の中を神にて張ることぞ。臣民の身の中に一杯に⦿の力を張らすことぞ。大《お》庭《にわ》の富士を探して見よ、⦿の米が出て来るから、それを大切にし。富士を開くとは心に⦿を満たすことぞ。ヒムカとは神を迎えることぞ、ヒムカはその使いぞ。ヒムカとは神の使いざから、この道を早う開いてくれよ、早う伝えてくれよ、ヒムカのお役は人の病を治して⦿の方へ向けさすお役ぞ、この道をよく心得て間違いないように伝えてくれよ。

（昭和十九年六月の十四日、⦿つくのか三）

【解説】

最初に、第四帖にも出てきた「**富士**」と「みはらし台」の解説というべき内容が載っていることが注目される。

まず「**富士とは⦿の山のことぞ。神の山はみな富士と言うのぞ**」とあるように、「神の山＝富士」という等式が一応成り立つが、ここから富士とは単に「（高さ日本一の）富士山」だけではなく、全国に存在する「神の山」、即ち古くから「霊山」、「聖山」、「信仰の山」などと言われているものが該当するであろうと思われる。

また、全国に二百以上もあると言われる「〇〇富士」などの愛称で呼ばれる「郷土《きょうど》富士《ふじ》」も該当するかもしれない。

しかしながら、では「神の山」と「そうでない山」の区別は何だと問われれば、途端に答えに窮《きゅう》してしまうのも事実で、日月神示にもそのような区別は何も書かれていない。

それどころか神示の別の巻には、**「日本の国は国常立大神の御神体《おからだ》である」**とも書いてあるから、要するに広い意味では、全ての山が「神の山」だと考えるべきである（ここから連想して、山以外の全ての自然物も神ではないかとの考えも出てくるが、実際にそのとおりである。これについては後で出てくる）。

次の**「みはらし台とは、身を張らすとこそ……臣民の身の中に一杯に⦿の力を張らすことぞ」**については、読んで字のとおりに解釈してよいと思われる。

つまり「(富士の) みはらし台」＝「臣民の身の中に神力を張らす」＝「神人一体、神人交流」という意味になる。「神人一体」、「神人交流」のことを、古来から「**惟神《かんながら》の道《みち》**」と呼ぶのは読者もご存じのとおりである。

また、「**富士を開くとは心に⦿を満たすことぞ**」とあるが、ここから「富士」には「神そのもの」の意味もあることがわかる。

このように、「富士」の字一つ取っても「神」、「神国日本」、「神の山」、「日本の国土」などの意味が内包されていることがわかるが、これが日月神示特有の「一語多義性」の例であって、一つの言葉に様々な意味を持たせていることに注意していただきたい。

ただそこには共通項があって、一語多義性と言っても意味がとんでもない方向に発散するものではない。「富士」の場合は「神」が共通項として根元にあるから、他の巻で「富士」が出てきても、このポイントを外《はず》さなければ、神意から大きく逸脱することはないであろう。

次に、「**大庭《おにわ》の富士を探して見よ、⦿の米が出て来るから**」という謎めいた箇所であるが、これは岡本天明自身に宛《あ》てられた神示であり、当時の天明以外には理解できないものである。

これを解読したのは私が知る限り、『岡本天明伝』の著者・黒川柚月氏だけである。

黒川氏によれば「**大庭《おにわ》の富士**」とは、当時天明が留守神主として奉職していた「鳩森八幡神社」境内にある「**富士塚**」のことであり、そこを探せば「**⦿の米**」が出てくるという意味だという。「⦿の米」とは「御土米《おつちこめ》」のことで、大きな木の根元などの黒土の中から採れる米の形をした粘土の塊《かたまり》である。霊気の強い土地ほど大粒の御土米が出ると言う。

植物の根に絡まるように大量にかつ芋づる式に地中から見つかると言うが、その生成メカニズムは謎が多いと言われているようだ。

ともあれ岡本天明が富士塚を探したら、本当に「御土米」が出てきたと『岡本天明伝』には記されている。

神が天明にこのような神示を降ろしたのは、神業に奉仕する「因縁の身魂」に対し「神業の証《あかし》」を示す必要があったためと考えられる。平たく言えば「物的証拠」のようなものであるが、神業初期の天明たちには必要なものだったのであろう。

また、このような「証」はこれ以外にも数件あることが知られている（後で登場する）。

神示後半に「**ヒムカ**」という言葉が出て来るが、「**ヒムカとは神を迎えることぞ、ヒムカはその使いぞ**」とあるから、漢字を当てれば「☉迎（ひむか→☉を迎える）」、或いは「☉向（ひむか→☉に向かう）」となるであろう。「**使い**」ともあるから、この場合は、☉を迎える（＝降ろす）ための神業に奉仕した岡本天明たち「因縁の身魂（＝使い）」を指していると考えられる。

またこれに関連して、「**ヒムカのお役は人の病を治して☉の方へ向けさすお役ぞ**」とあるのは、額面どおりには受け止められない。

と言うのも、日月神示の神が「病気治し」と引き換えにその者を神のほうに向かせるなどという姑息《こそく》なことをするわけがないからである。これではその辺のご利益宗教《りやくしゅうきょう》と何も変わらない。

おそらくここでいう「病」とは「メグリ」のことであって、「身魂磨き」によってそれを克服させ、神の御用に役立つ臣民にすることと解するのが正しいと思われる。

第六帖（六）

外国の飛行機が来ると騒いでいるが、まだまだ花道ぞ。九十となりたらボツボツはっきりするぞ。臣民は目の先ばかりより見えんから、可哀そうなから、気をつけているのに何しているのか。大切な九十《こと》忘れているのに気がつかんか。この知らせをよく読みてくれよ。十月まで待て。それまでは、このままでおれよ。

（昭和十九年六月の十七日、ひつくのか三）

【解説】

この帖の前半は、大東亜戦争で日本が敗戦に向けて米軍に圧倒される状況を表している。

まず冒頭の「**外国の飛行機が来ると騒いでいる**」というのは、昭和十九年六月十六日、B―29爆撃機による「八幡《やはた》空襲」のことだと思われる（八幡とは九州北部の官営八幡製鉄所のこと）。と言うのもこの神示の日付が「六月十七日」であり、「八幡空襲」はその前日のことだからである。

この空襲により当時の「八幡製鉄所」を始め、小倉、門司《もじ》、若松などの市街地も爆撃されたが、被害は比較的軽微であったと言うから、このことを指して「**まだまだ花道ぞ**」と述べているのであろう。

次の「**九十となりたらボツボツはっきりするぞ**」とあるのが、「まだまだ花道」に過ぎない「八幡空襲」に対して、いよいよ本格的な「本土空襲」がはっきりわかってくるということだと思われる。

ここで「九十」が何を指すのか明示されていないが、「九十となりたらはっきりする」とあるので、これを「時期」のことと考えれば、「九〜十月」という意味ではないかと考えられる。

と言うのも、先の「八幡空襲」は中国の奥地「成都（四川省）」から発進したB―29によって行われたが、航続距離の関係で九州北部などを爆撃するのが精一杯だったのに対し、昭和十九年六月、日本がマリアナ沖海戦で大敗して「絶対国防圏」が破綻《はたん》し、同年七月には米軍にサイパン島を奪《と》られたため、ここから出撃したB―29が日本本土を直接絨毯爆撃《じゅうたんばくげき》できるようになったからである。

従って時期的には、昭和十九年九〜十月頃には、日本側も米軍の本土空襲を十分予想し防空対策を講ずることになるから、これが「ボツボツはっきりするぞ」という意味だと考えられるのだ。

実際、十月には米機動部隊による沖縄大空襲があり、十一月には、遂にマリアナ諸島から飛び立ったB―29が本格的な本土空襲を開始しているから、時系列的にもピタリと符合する。

この結果、二百以上の日本の都市や町村が無差別爆撃を受け、七十万人以上の死傷者を出した。

このように、この部分もまた「日本の敗戦」を暗示したものと解釈できる。

後半の「**大切な九十《こと》忘れているのに気がつかんか。この知らせをよく読みてくれよ。十月まで待**

て」については、残念ながら具体的なことは判然とせず、推論を述べるにとどまる。

ただ、前半の「**九十**」が「時期（九〜十月）」を示していると考えられるのに対し、後半の「**九**《こ》**十**《と》」はそれでは意味が通じないから、ここでは「（重要な）**出来事**」と捉えればよいのではないか。そうすれば「**十月まで待て**」と矛盾しない。

実際に「十月」に起こったこととは前述の「沖縄大空襲」であり、これは、本土大空襲の前哨《ぜんしょう》であったから、「**大切な九十**《こと》」とはその後に続く「本土大空襲」によって日本全国が火の海にされることを指しているのではないだろうか。

歴史的事実としても、首都東京を始め横浜、名古屋、大阪、神戸などの大都市は言うに及ばず、全国の主要都市のほとんどが無差別の大爆撃をこうむり、死傷者の合計は七十万人を超えているのである。

女・子供・老人を含む「非戦闘員」を無差別に殺傷することは、およそ文明国のやることではないし、戦時国際法によっても禁止されているが、米軍はそんなものは完全に無視してやりたい放題にやったのである。

そのとどめが広島と長崎に投下された二発の原爆である。

こんな非情極まりない大空襲は、人道的には絶対に赦《ゆる》されるものではないと考えるのが普通だが、日月神示を深く研究していくと、何とそれは「神の計画、神仕組」であったことが理解されてくる（それについては後に触れることになる）。

ともかく、日本が大東亜戦争に負けることと、日月神示の「神仕組」は切っても切れない極めて重要な関係を有することは確かである。
以上が「九十」に関する私の推論である。

第七帖（七）

いくら金積んで神の御用さしてくれいと申しても、因縁のある臣民でないと御用出来んぞ。御用する人は、どんなに苦しくても心は勇むぞ。この神は小さい病治しや、按摩《あんま》の真似《まね》させんぞ、大き病を治すのぞ。神が開くから、人の考えで人を引っ張ってくれるなよ。

（昭和十九年六月の十七日、一二のか三）

【解説】

本帖は比較的わかりやすい。

神の御用をするのは「**因縁のある臣民**（＝因縁の身魂）」であって、そうでない者がいくら金を積んでも無駄であると明言している。このことはまた、どんな大金持ちであっても「身魂の磨けてない者」は、大峠を乗り越えてミロクの世に行くことはできないという意味でもある。

カネで「ミロクの世」への切符を買うことは、絶対にできないのだ。

「**御用する人は、どんなに苦しくても心は勇むぞ**」とあるのは、神の道を歩む者にとって指針となるものだ。どんなに苦しくても、身魂が磨けて神の御用をするようになれば、心が勇むのであるからこれ以上の福音《ふくいん》はない。

このように、この世的な財産や地位・名誉・権力などは、「ミロクの世」とは一切何の関係もないことを心にとどめていただきたい。

後半の「**この神は小さい病治しや、按摩《あんま》の真似《まね》させんぞ、大き病を治すのぞ**」とある部分も意味はおわかりだろう。「**大き病を治す**」とは「全ての岩戸を開き、立替え・立て直しを経てミロクの世にする」ということである。

低級な霊や動物霊などがよくやる「病気治し」や「現世《げんせ》ご利益《りやく》」をダシにしたケチ臭いものとは根本的に異なるのである。

第八帖（八）

秋が立ちたらこの道開く方出て来るから、それまでは神の仕組みを書かしておくから、よく読んで肚《はら》の中によく入れておいてくれよ。その時になりて慌《あわ》てて、何も知らんというようではならんぞ、それまでに何もかにも知らしておくから、縁ある方からこの知らせをよく読んで、肚の中に入れておいてくれよ。

（昭和十九年六月の十七日、ひつくのか三）

【解説】

この帖はさらっと読んだだけでは具体的なことはほとんどわからないが、よく吟味すれば実は極めて意味深長であり、かつ重要な時節を示す預言と言えるものである。

まず冒頭の「**秋が立ちたらこの道開く方出て来る**」を解いていくと、「秋が立つ」とは暦《こよみ》の上で「立秋」のことであるから、このときに「この道を開く方《かた》が出て来る」ということになる。そこでこの帖が降りた昭和十九年と翌昭和二十年の立秋を調べてみると、どちらも「八月八日」であることがわかる。

このとき、何が起こったのか見てみよう。

①**昭和十九年八月八日（立秋）**→岡本天明たちが「奥山」に初めて日月神示を降ろした神（＝天《あめ》之日津久神《のひつくのかみ》）を祀った。この神は「国祖様（＝国常立大神《くにとこたちおおかみ》）」の神格が顕現《けんげん》された神であるから、ここで言う「道を開く方」とは国常立大神ということになる。まさに道を開く方に相応《ふさわ》しい。

②**昭和二十年八月八日（立秋）**→この日は、岡本天明たちが「奥山」に「てんし様（スメラミコト、真正天皇）」を祀った日である。この一週間後の八月十五日、日本は連合国に降伏、終戦となった

のであるが、同じ時期から「三四五《みよいづ》の仕組《しくみ》」に入り、「てんし様（当時は昭和天皇）」の稜威《みいづ》が世に出ることになったのであるから、この場合の「道を開く方」とは「てんし様」ということになる。戦後の昭和天皇をご事績を見ればまさに「道を開く方」と言うに相応しい。
（注：「三四五の仕組」については、後で登場する）

このように神仕組上でみれば、①と②の二つが「秋立つ日（立秋）」の大きな出来事として浮上する。

我々は選択肢が複数あると、どっちが正しいかを決めたくなるが、この部分に限定すればどちらも正しいと見るべきである。

と言うのは、どちらも神の経綸上、絶対に欠かすことのできない最重要イベントであったからだ。

更に、この部分の解釈にはもう一つ重要な解き方があるので補足しておこう。

それは「秋」を「安芸《あき》（の国）」つまり「広島」と解釈し、「この道開く方」を「この道開く型」と解釈することである（神示原文では「あきかたちたら」となっている）。

すると全体の意味は、「立秋の頃、広島にこの道を開く型が出て来る」となって、これはずばり「原爆投下」ということになるのである。しかも、原爆が投下された日を「**岩戸開きのはじめの幕開け**」と日月神示が告げている（第十二巻「夜明けの巻」第十一帖）のであるから、まさしく「道を開く型」そのものと言えるのだ。

よって、この解釈も極めて妥当であって正しいと言える。

このように「**秋が立ちたらこの道開く方出て来る**」は、三つの重要な解釈が可能である。

次に、「**それまでは神の仕組みを書かしておくから、よく読んで肚《はら》の中によく入れておいてくれよ**」、「**それまでに何もかにも知らしておくから**」とあるが、この部分を読み解けば、右の三つの解釈のいずれが神意に近いか明らかになる。

「それまでは神の仕組みを書かしておく」、「何もかにも知らしておく」とあるから、これは「立秋」までに「まとまった神示を降ろしておく」と読めるであろう。少なくとも何らかの意味を持つ「ひとまとまりの神示」を降ろすということだ。

ここから連想されるのは何であろうか？　そう、「**基本十二巻**」である。それしかない。

「基本十二巻」とは、「**この十二の巻よく肚《はら》に入れておけば何でもわかるぞ**」（第十二巻「夜明けの巻」第十四帖）と神が保証している神示群（第一～十二巻）なのである。

第十二巻「夜明けの巻」は昭和二十年に降ろされているから、神は「（昭和二十年の）立秋までに基本十二巻を降ろす」と仰《おっしゃ》っていることになる。事実、「基本十二巻」が完結したのは昭和二十年八月十日、立秋のたった二日後の「秋満つ日」であった。

すると、右の三つの解釈のうち本帖の神意に最も近いものは、昭和二十年八月八日の「てんし様」を祀ったことと、同年八月六日の「原爆投下（↓終戦）」ということになる。
このように解くのが神意に適《かな》っていると思われる。

第九帖（九）

この世のやり方わからなくなったら、この神示《しるし》を読ましてくれと言うて、この知らせを取り合うから、その時になりて慌てんようにしてくれよ。日本の国は一度はつぶれたようになるのぞ。一度は神も仏もないものと皆が思う世が来るのぞ。その時にお蔭を落さぬよう、しっかりと神の申すこと肚に入れておいてくれよ。（昭和十九年六月の十七日、ひつくのか三）

【解説】

この帖は、「**この世のやり方わからなくなったら**」、「**日本の国は一度はつぶれたようになる**」、「**一度は神も仏もないものと皆が思う世が来る**」が全体のキーであって、「信じていた神も仏も何の役にも立たずに日本がダメになってしまい、どうしてよいかわからない世の中になる」という意味に解される。

ここから連想されるのは「日本が大東亜戦争に負けてこれから先どうなるのか、どうしたらいいのか全くわからないドン底状態に落ちた」ということである。

当時の日本は「神国」であると信じられ、天皇は「現人神《あらひとがみ》」として国民の信仰対象であったから、この当時（＝昭和十九年六月）はまだ、誰も戦争に負けるなどとは思いもしない時代であった。

それが最終的には無差別の「本土大空襲」を受けたばかりか、とどめに「原爆」を二発も落とされて惨敗したのであるから、間違いなく「**日本の国は一度はつぶれたように**」なったのである。

このとき、「**この神示《しるし》を読ましてくれと言うて、この知らせを取り合う**」事態になるというのだが、確かに当時の軍人の中には、日月神示に書いてある日本の未来を知りたいと思った者が大勢いたようである。

また彼らの中には、日月神示が示す「日本敗戦預言」を信じ、戦後「引責自決」を思いとどまった者もいたという。日本の敗戦が神の預言（意志）であれば、それは仕方がないという諦観《ていかん》からであろうか。それにしても当時の若い軍人の中には、敗戦の責任を取って自決しようとした者が存在したのであるが、今の我々には想像もできない精神力である。

ただ「（神示を）取り合う」事態にまでなったかどうかは検証できる材料がない。

このように、本帖は「大東亜戦争」の敗戦の状況に重なるものである。

よって神が、「**その時にお陰を落さぬよう、しっかりと神の申すこと肚に入れておいてくれよ**」と「因縁の身魂」たちに注意を促しているのは当然のことである。

なおこれを未来の預言と見るならば、これから起こる「立替えの大峠」でも同様の状況になることは確実と思われる。

何故なら「**同じことと二度繰り返す仕組ざぞ**」（第二十二巻「青葉の巻」第七帖）と神示に明記されているからである。

既に過去のことだと決め付けるのは危険である。

第十帖（十）

⦿に目を向ければ⦿がうつり、⦿に耳向ければ⦿が聞こえ、⦿に心向ければ心にうつる。掃除の程度によりて⦿のうつり方が違うぞ。掃除出来た方から⦿の姿うつるぞ、それだけにうつるぞ。

（昭和十九年六月十九日、一二のか三）


【解説】

本帖は「**掃除出来た方から⦿の姿うつるぞ**」とあるとおり、「身魂磨き」が進んだ臣民にはその程度に応じて「**⦿がうつる**」と明示されている。

ただここで厳に注意すべきは、「⦿がうつる」と言っても神の姿が見えたり、声が聞こえたりするのではないということだ。

そのようなものは悪神、低級霊、動物霊などの専売特許であって、正神の所業ではない。

「⦿がうつる」ことの真義は、神が臣民に憑《か》かって一体（＝神人一体、神人交流）となることであり、そうなった臣民は、あらゆるモノやコトに神を見、聞き、感じるようになると理解すべきである。

当然のことながら、正神が憑《か》かったといっても臣民にはその自覚すらなく全く自然のうちになされるのである。

日月神示を信奉して「身魂磨き」に励めば、物凄い「霊能力」や「超能力」が身につくなどと、たとえほんの少しでも期待し願っている人には、正神は絶対憑からないことを強調しておきたい。

第十一帖（一一）

何処《いづこ》も土にかえると申してあろが、東京も元の土に一時《ひととき》はかえるから、そのつもりでいてくれよ。⦿の申したこと違わんぞ。東京は元の土に一時はかえるぞ。そのつもりで用意してくれよ。

（昭和十九年六月の十九日、一二のか三）

【解説】

岡本天明が「基本十二巻」を降ろした時代は、「大東亜戦争末期」であった。よって、神示に戦争の状況と思われる内容が含まれている場合は、当然のこととして、まずは「大東亜戦争」の状況に該当するか否かという視点で吟味しなければならない。

この視点で右の帖を見れば、「**何処《いづこ》も土にかえる**」とか「**東京も元の土に一時《ひととき》はかえる**」とあるから、これは米軍の「無差別本土大空襲」によって、東京を始め全国二百以上の都市や町村が灰燼《かいじん》に帰《き》したことを指していると考えられる。

特に首都・東京は大東亜戦争において百回以上も空襲を受けているが、中でも昭和二十年三月十日未明の大空襲は、一度に十万人以上の非戦闘員の犠牲者を出すという残虐《ざんぎゃく》極まりないものであった。

「土にかえる」という神示の文言《もんごん》は、まさに全てが焼き尽くされて廃墟《はいきょ》同然になった当時の状況を表すのに相応《ふさわ》しい。このように、本帖は米軍による「本土大空襲」を預言したものであり、同時に「敗戦」を暗示していると考えられる。


そしてもう一つ注意すべきは、「東京」という言葉が、この短い帖の中にわざわざ二回も出てくることである。この意味は、やはり「**同じこと二度繰り返す仕組**」が根底にあって、来《きた》るべき「立替えの大峠」において、東京は右と同じような状況か、或いはもっと酷《ひど》い状況になると考えられる。

ただ救いは、それが「**一時《ひととき》**」であると明示されていることである。

第十二帖（十二）

大将を誰も行かれん所へ連れて行かれんように、上の人、気をつけてくれよ。この道はちっとも心ゆるせん、マコトの⦿の道ぞ。油断すると⦿は代わりの身魂使うぞ。

（昭和十九年六月の二十一日の朝、ひつくのか三）

【解説】

神示の解読・解釈は、短くて抽象的なものほど難しいが、右はその代表的なものの一つである。「**大将**」とか「**誰も行かれん所**」、「**上の人**」などの言葉だけでは、正確な意味を求めるのは極めて難しい。

そこで推測するしかないが、「基本十二巻」が「大東亜戦争末期」に降ろされていることから、終戦後日本の体制が根本から変えられたことを重く見て、これに沿った解釈を試みれば、「大将」とは「昭和天皇」のことであり、「上の人」とは「天皇を補佐する大臣、役人、政治家や高級軍人」などではないかと考えられる。

すると、「**大将を誰も行かれん所へ連れて行かれんように、上の人、気をつけてくれよ**」という不思議な文章は、「(敗戦によっても) 昭和天皇が退位されることのないように、天皇を補佐する上の者は気をつけよ」という意味になる。端的に言えば、「昭和天皇が戦争責任を取らされて退位することのないようにせよ」とも言える。

何故このような解釈をしたかといえば、昭和天皇は戦後、「てんし様」の神霊を受けて「スメラミコト、真正天皇」として復活・復権される御役を持っておられたから、敗戦後も退位することなく「天皇の地位（皇位）」にとどまる必要があったためである。

こう考えてこそ「**誰も行かれん所へ連れて行かれる**」の謎が解けるのである。すなわち「誰も行かれん所」とは「天皇しか行けない所」という意味であり、具体的には「皇位から退位」させられることと解せる。

文字どおり、天皇以外に他の誰も行けるところではない。

もし昭和天皇が退位させられていたならば、「ミロクの世」に至る大いなる神仕組が完全に頓挫《とんざ》してしまうから、右のような神示を降ろして注意を促したのではないかと考えられる。

とは言え、前記のとおりこの解釈の根拠は推測のみであるから、あくまで一つの「解釈例」に過ぎないことを再度強調しておきたい。

後半の「**油断すると㋹は代わりの身魂使うぞ**」とは、岡本天明たちへの忠告・諭《さと》しであると考えられる。「因縁の身魂」であっても、神の役に立たない者はすぐに「他の身魂と入れ替える」と言うのであるが、このことは本帖以外にも神示の随所に述べられている。

第十三帖（十三）

元の人三人、その下に七人、その下に七七・四十九人、合わして五十九の身魂あれば、この仕組は成就するのざ、この五十九の身魂は神が護っているから、世の元の神がかかりて大手柄をさすから、ⓥの申すよう何事も、身魂磨いてくれよ、これが世の元の神の数ぞ、これだけの身魂が力合わして、善き世の礎《いしずえ》となるのざ。この身魂はいずれも落ちぶれているから、訪ねて来てもわからんから、よく気をつけて、どんなに落ちぶれている臣民でも、訪ねて来た人は、親切にして帰せよ。何事も時節が来たぞ。

（昭和十九年六月の二十一日、ひつくのか三）

【解説】

本帖は、最初に「因縁の身魂」の数について述べている。

「**五十九の身魂あれば、この仕組は成就するのざ**」とあり、更に「**この五十九の身魂は神が護っている**」とあるから、これは明らかに、岡本天明たち「因縁の身魂」に関係していると思われる。

つまり、神の御用に奉仕した当時の天明たちの人数は、総勢で五十九人かまたはその中で必要な人数だったということが窺《うかが》える。

これに関係すると思われるのが第十九巻「まつりの巻」第十七帖であり、ここには天明の下《もと》に集まった同志たちの中から「**四十九の身魂**」の名前が具体的に示されている。これは間違いなく「五十九の身魂」に含まれる者たちである。

この「五十九の身魂」の使命については、「**世の元の神がかかりて大手柄をさす**」、また「**これだけの身魂が力合わして、善き世の礎《いしずえ》となる**」とあるように、「ミロクの世」に至る神仕組の基礎固めであろうと思われる。

具体的にそれは「型を出す神業《しんぎょう》（＝型示《かたしめ》し）」であり、天明たちは戦時中にもかかわらず、神命を受け次々に多くの神業に奉仕していた。

ただここでも「**⦿の申すよう何事も、身魂磨いてくれよ**」と釘を刺されているように、世の元からの神が憑《か》かってその御役に使うには、臣民の「身魂」が磨けていることが絶対条件だということを肝に銘じていただきたい。現代の我々でも事情は何も変わらないのである。

身魂が磨けていなければ「代わりの身魂」の出番となるのは必然である。

なお「五十九の身魂」の構成については、「**元の人三人、その下に七人、その下に七七・四十九人、合わして五十九の身魂**」とあるから、上から順に「三、七、四十九」という階梯《かいてい》になるようだ。

「五十九の身魂」に対し、「**これが世の元の神の数ぞ**」とあるのは興味深い。

これを単純に考えれば、世の元の神の数も五十九柱ということになるが、神の本質は「一神即多神即汎神（＝神は一神であり多神であり汎神）」であるから、人間の頭数《あたまかず》を数えるようなわけにはいかない。

よって「神の数」とあるのは、「神の創造のはたらきの数」と考えるべきで、五十九のはたらきが世の元から存在したということではないだろうか。

従って、「五十九の身魂」もまた、それぞれ五十九のはたらきに対応する数であると考えられる。

「この身魂はいずれも落ちぶれているから、訪ねて来てもわからんから、よく気をつけて、どんなに落ちぶれている臣民でも、訪ねて来た人は、親切にして帰せよ」とあるのは、天明の下《もと》に集まる「因縁の身魂」たちの素性《すじょう》は「落ちぶれている」と明示したもので、いかにも因縁の身魂然《ぜん》としたこれ見よがしの姿や格好で訪ねてくるのではないからよく注意しろと教えているのであろう。

「因縁の身魂が落ちぶれている」という表現は神示のあちこちに登場するもので、落ちぶれること自体が神仕組であったと考えられる。

第十四帖（十四）

この神示《ふで》よく読みてくれよ、読めば読むほど何もかもわかりて来るぞ、心とは神民の申す心でないぞ。ミタマとは神民の申す身魂でないぞ、ミタマとは身《み》と魂《たま》と一つになっているもの言うぞ、

⦿の臣民、身と魂の分け隔《へだ》てないぞ、身は魂、魂は身ぞ。外国は身ばかりの所あり、魂ばかりの所あり、⦿は身魂の別ないぞ、このことわかりたら⦿の仕組がぼつぼつわかるぞ。身魂の洗濯と御心の洗濯とは、魂ばかりの洗濯でないぞ、よく気をつけてくれよ。⦿の申すこと違わんぞよ。

（昭和十九年六月の二十二日、ひつくのか三）

【解説】

本帖は些《いささ》か観念論的であるが、全体を通して主題となっているのは、「**身と魂の分け隔《へだ》てないぞ**」ということと、「**心とは神民の申す心でないぞ**」という部分である。

身《み》と魂《たま》の分け隔てがないということは「身魂磨き」という言葉からもわかるように、日月神示を信奉し実践する者にとっては、「霊肉一体、霊体一如」に繋がるものであることが常識的に理解できるだろう。

それはそれでよいが、しかし本帖においては「**心**」と「**身魂**」を同一の次元で捉えていないことに注意しなければならない。確かに「心」と「身魂」を切り離せないのはわかるが、両者には大きな違いがあると思われる。

では「心」とは何だろうか？

辞書を参照すれば、心とは「知・情・意の総体またはその作用」、「精神」、「思うこと、考え」、「気持ち、情け、思いやり」……等々実に多くの意味がある。このように「心」を定義付けるのは困難だが、一般的な理解としては「知・情・意の総体またはその作用」と捉えておけばよいと思われる。

「知・情・意」とは「知能、感情、意識」のことである。

ところで神示は、「**心とは神民の申す心でないぞ**」と断定しているが、これはどう解釈すればよいのだろうか？　ここがキーポイントのようである。

私の考えはこうである。

人間は、「心とは肉体があるから生ずる」、或いは「心とは脳のはたらきである」と、唯物《ゆいぶつ》科学的に理解しているが、神はこのことを「違う」と仰《おっしゃ》っているのではないだろうか。

つまり「心」とは、肉体（脳）の生命活動のみによって生ずるものではなく、魂が肉体に宿ったときの相互作用として生ずるということが正しいと考えられるのである。

文字どおり、「身《み》」と「魂《たま》」が両方揃った結果、「心」が発生するのである。

このように理解すれば、神示において「心」と「身魂」を同一次元で捉えていない理由が明らかになる。

もし同一次元で捉えるべきものなら、「身魂磨き」という二点セットではなく、「身魂心磨き」という三点セットとして神示の中に出てこなければならないはずだ。

それでは「心」の存在意義は何か？　ということになるが、ひと言で言えば「身魂磨きをするもしないも、心が決めること」と言えるのではないか。

人間が自覚的に意志をもって何かをやろう（或いはやらない）とするときは、必ず心（＝知・情・意）のはたらきがあるから、「身魂磨き」の成否はまさに「心」の持ちようにかかっていることになる。

よって、「身魂」の水先案内人が「心」と言えるが、どこに案内するかはまさにあなたの「心」次第なのである。


次に、「**外国は身ばかりの所あり、魂ばかりの所あり**」とは、文字どおり、「身」と「魂」を完全に別物として区別する宗教や思想のことをいうと考えられる。例えば「唯物論」とは「身」の思想であるし、死後に魂の救済だけを求めるのは「魂」の宗教と言えよう。

このように身と魂を区別し、いずれかに偏《かたよ》った思想や宗教が神の御旨《みむね》に適《かな》う道理はない。「**⦿は身魂の別ないぞ**」とあるとおりである。


一点補足しておくと、「**心とは神民の申す心でないぞ**」と「**ミタマとは神民の申す身魂でないぞ**」と、「臣民」でなく「神民」という表現になっているが、これはどちらも「臣民」とするのが適切であると思われる。

神示原文は「四ん三ん」だから「臣民」とも「神民」とも読めるが、本帖全体の意味からして

「神民」という言葉は馴染《なじ》まない。

「神民」というときは、「身魂磨き」が十分に進んで本来の「霊主体従」に戻り「神人一体」になった者を指して呼ぶべきだからである。

第十五帖（十五）

今度は末代動かぬ世にするのざから、今までのような宗教や教えの集団《つどい》にしてはならんぞ、人を集めるばかりが能ではないぞ、人も集めねばならず、難しい道《おしえ》ぞ。縁ある人は早く集めてくれよ、縁なき人いくら集めても何にもならんぞ、縁ある人を見分けてくれよ。顔は㋾の臣民でも心は外国御魂ぞ、顔は外国人でも御魂は㋾の臣民あるぞ。やりかけた戦ぞ、とことん行かねば収まらん。臣民一度は無くなるところまでになるぞ、今のうちにこの神示《みち》よく読んでいてくれよ。九月になったら用意してくれよ。

（昭和十九年六月の二十四日、ひつくのか三）

【解説】

本帖の前半は、岡本天明の下《もと》に集まってくる「因縁の身魂」たちに集団《つどい》の在《あ》り方を示している。

「今までのような宗教や教えの集団《つどい》にしてはならん」、**「人を集めるばかりが能ではない」**、**「人も集めねばならず」**など、ここだけを読んだのでは「ではどうしろと言うのだ？」と反問したくもなるはずだ。

現在の我々は簡単に日月神示全訳本を読めるから、「集団《つどい》（＝宗教組織）の本質」についてはある程度理解できるが、当時の天明たちにとってそれはまだ先のことであり、右の帖は疑問だらけであったに違いない。

過去のどんな教えでも、神があって教祖がおり、信者が集まれば例外なく宗教化して教団という組織ができた。事実、かつて天明が関わった出口王仁三郎《でぐちおにさぶろう》の「大本《おおもと》」は日本では最も巨大な「教団組織」の一つであった。

それを神は、「今までのような宗教や教えの集団《つどい》にしてはならない」と強く否定しているのであるから、その違和感は相当なものだったはずである。

文字どおり「**難しい道《おしえ》**」なのである。

ここでいう「今までの宗教や教えではない集団《つどい》」とは、霊的には「ミロクの世の宗教」のことであり、地上界の「型」としては、昭和二十二年四月に設立された宗教法人「ひかり教会」が該当するであろう。

「ひかり教会」は「ミロクの世のやり方の型」として設立されたものである。

「**人を集めるばかりが能ではないぞ、人も集めねばならず**」とあるのは、神示特有の逆説であって、そこにはまず例外なく重大な密意がある。

ミロクの世になれば、世界中の宗教は「元返り（＝霊的根源が同一であることを理解）」するから、人（＝信者）を集める必要は何もないが、そこに至る前の地上界では「**縁ある人は早く集め**」なければならないわけである。

即ち、神の御用に使う「因縁の身魂」を早く集める必要があるという意味である。

ところが、「**顔は◉の臣民でも心は外国御魂ぞ、顔は外国人でも御魂は◉の臣民あるぞ**」とあるように、その人の「見掛《みか》け」で選んではならないと注意を促している。第十三帖で「因縁の身魂は落ちぶれている」とあったが、明らかにこのことと共通する。

なお、「人を集める」と言えば募集広告を出したり、縁故《えんこ》を頼ったりするのが常であるが、これは神仕組であるから、神が張り巡らせた糸を「因縁の身魂」たちが辿って集まってくると考えるべきである。

後半の、「**やりかけた戦ぞ、とことん行かねば収まらん**」とあるのは、昭和十九年六月十日に「日月神示」の初発が降ろされたことで、遂に最終・最後となる「岩戸開き」の神仕組が発動されたことを意味し、これら全てが完結・成就して「ミロクの世」になるまで続くという意味である。

要は、今回の「岩戸開き」は世の元からの神々にとっても、最大であり最後となる大一番《おおいちばん》なのである。

その結果が「**臣民一度は無くなるところまでになる**」ということなのだ。

この状況は、「立替えの大峠」の最終段階で、日本の臣民を含めた全人類が一旦死に絶え（＝肉体死）、その後で「身魂の磨けた臣民」を神が拾い上げて「ミロクの世の住人にする」という意味だと解釈される（「大峠」に関する詳細は、『ときあかし版』大峠の章を参照されたい）。

最後の「**九月になったら用意してくれよ**」は、岡本天明たちに何か指示（神業や神祀り）をしたものと思われる。

（昭和十九年）九月に関連した神業には、九月二十八日（？）奥山（＝天明の住居）に「出雲の神（＝大国主命《おおくにぬしのみこと》）」を祀っているから、その準備を指示したものとも取れるが、残念ながら特定できる材料はない。

第十六帖（十六）

ひふみの火水とは結ぞ、中心の神、表面に世に満つことぞ、ひらき睦び、中心に火集い、ひらく水。神の名二つ、カミと神世に出づ。早く鳴り成り、世、新しき世と、国々の新しき世と栄え結び、成り展く秋来る。弥栄に神、世にみちみち、中心にまつろい展き結ぶぞ。月出でて月なり、月ひらき弥栄え成り、神世ことごと栄ゆ。早く道ひらき、月と水のひらく大道、月の仕組、月神と日神二つ展き、地上弥栄みちみち、世の初め悉くの神も世と共に勇みに勇むぞ。世はことごとに統一し神世の機極まる時代来る、神世の秘密と言う。

（昭和十九年六月二十四日、一二〇文）

【解説】

右は最も解読が難しい神示の一つである。

私は、『ときあかし版』ミロクの章で第十六巻「荒《あれ》の巻」の難解な文章を引き合いに出し、これは神が臣民に「解読せよ」と促しているものと言うよりは、「霊界の文章表現」の見本として示したものであり、その内容は「基本十二巻」で述べられていることの全体的な要約ではないか、という趣旨のことを述べている。

本帖も非常に難解で、文体や表現が「荒の巻」と極めてよく似ているから、おそらく「荒の巻」と同じような目的で降ろされたものであり、第一巻で述べている重要事項の要約を「霊界の文章表現」で表したものであると考えられる。

このような例は、第一巻に限らずこの後も幾つかの巻で見られる。

さて責任逃れのようで大変申し訳ないが、私自身、本帖を多くの人が納得いくようにキチンと解読・解釈することは困難である。

このため全体の大意と自分なりに納得している一部の解釈に絞って述べることにしたいので、この点ご了承いただきたい。

右の大意は、「**火水が結び、中心の神が世に出てひらき睦び栄える**」ことを宣言したものであると思われる。いわゆる「岩戸」が開き、「ミロクの世」の到来を謳《うた》ったものであろう。

また、「**火、水**」、「**月神、日神**」とあるから、「火＝日の神」、「水＝月の神」という相関関係になると思われ、この二神のはたらきが「ミロクの世」到来の要《かなめ》、神仕組（＝火と水の仕組）であると考えられる。

これが「**神の名二つ**」ということで、「月の神」、「日の神」を指すのではないだろうか？　或いは「陰と陽のはたらき」、「男性原理と女性原理の統合」と考えてもよいだろう。

更に、「**中心に火集い、ひらく水**」とあるのは、神文字「⦿」に対応すると考えられる。「**中心の火**」が「ゝ」であり、「**ひらく水**」が「○」だと考えれば、「火と水の仕組」は「ゝ＋○→⦿」となり、それ自体が「⦿（かみ）の仕組」であることを表している。

以上をまとめれば、**火＝日の神＝陽＝⦿の「ゝ」**、また**水＝月の神＝陰＝⦿の「○」**となる。

これが「**神世の秘密**」と言われるものではないだろうか。

第十七帖（十七）

この世はみな⦿のものざから、臣民のものというもの一つもないぞ、お土からとれた物、みなまず⦿に供えよ、それを頂いて身魂を養うようになっているのに、⦿には献げずに臣民ばかり食べるから、いくら食べても身魂の太らぬのぞ、何でも⦿に供えてから食べると身魂太るぞ、今の半分で足りるぞ、それが臣民の頂き方ぞ。

（昭和十九年六月の二十五日、ひつくのか二）

【解説】

本帖の主題は「食《しょく》と身魂《みたま》の関係」であるが、それには、「**この世はみな⦿のものざから、臣民のものというもの一つもないぞ**」が大前提となる。

私自身も大反省を込めて言うのだが、「**みな⦿のもの（＝自分のものは何一つない）**」と示されていることの重大さが全くわかっていなかった時期がある。

「身魂磨き」とか「メグリ取り」には物凄く気を使い注意するけれども、その反面、「自分のモノは自分のモノ」であって強い執着心があったことを白状する（今でもあるが）。

要するに、本物の「身魂磨き」ではなかったわけである。

ここからわかるように、「身魂磨き」、「メグリ取り」の具体的成果を見るには、「自分のモノ（と思っているモノ）」に対する執着心の変化を見るのがわかりやすい。

自分の「身魂磨き」の成果を自己評価するのは極めて危険でとても推奨できないが、唯一、モノに対する執着心の変化は自分でもよくわかるはずだから、判断材料の一つになるであろう。

相変わらず執着心が強いのであれば、「身魂磨き」の成果はほとんど上がっていないと見るべきである。

　このことは、よくよく注意し噛み締めなければならない重要なポイントである。

　この他、右の帖の内容は、ほとんどがそのまま読んでそのまま理解すればよいだろう。

「**お土からとれた物、みなまず㋹に供えよ**」とあるのは、全てが神のものであるから、まず持ち主に供え、それから頂けということであり、これは当然の道理である。

　ただここでは、「お土」を文字どおり「地面の土」と狭く解釈するのではなく、広く「大自然、地球全体」と解釈するほうが神意に適《かな》うことに注意していただきたい。

「地面の土」からとれたものだと地上の「植物」だけが対象になってしまうが、「大自然、地球全体」なら海でも山でも川でも野でもあらゆる場所からとれるモノ全てが対象になるからである。

　このように、食べ物をまず神に献げ、それから感謝と共に頂くことが自然にできるようになれば、「**身魂が太ってきた（＝磨けてきた）証拠**」と言ってもよいだろう。それが定着すれば身魂が太るだけでなく、食べる量も「**今の半分で足りる**」と言うのであるからよいことずくめなのである。

　形式的に神に献げても、それで身魂が太るわけではないのでくれぐれも勘違いしないようにしていただきたい。

　一点補足すると、「（食料は）今の半分で足りる」の「**今**」とは、この神示が降ろされた昭和十九年のことであるから注意していただきたい。

当時は戦争末期の食糧難で統制経済が敷《し》かれ、食料の多くが配給制の時代であったから一般人の食糧事情は極めて悪かった。

そんな時代ですら、食べていた量の「半分で足りる」と明示されているのであるから、臣民の食べるべき量とは、我々が想像する以上に少なくてよいことが理解できるだろう。

これを逆に言うなら、現代の日本人は間違いなく必要量の二倍以上も貪欲《どんよく》に食いまくっているということになる。結局「メグリ」をせっせと追加生産しているようなものである（臣民の「食」については、拙著第二作『奥義編』第三章　日月神示と食に詳述している）。

第十八帖（十八）

岩戸開く役と岩戸閉める役とあるぞ。いったん世界は言うに言われんことが出来るぞ、しっかり身魂磨いておいてくれよ、身魂磨き第一ぞ。この道開けて来ると、世の中の偉い人が出て来るから、どんな偉い人でもわからん⦿の道ざから、よくこの神示《ふで》読んでおいてどんなことでも教えてやれよ、何でもわからんこと無いように、この神示で知らしておくから、この神示よく読めと申すのぞ。この道はスメラが道ざ、スメル御民《みたみ》の道ぞ。禊《みそぎ》せよ、祓《はらえ》せよ、臣民早くせねば間に合わんぞ。岩戸開くまでにまだ一苦労あるぞ、この世はまだまだ悪くなるから、⦿も卍《ほとけ》もこの世には居らんのざというところまで、とことん落ちて行くぞ。九月に気をつけよ、九月が大切の時ぞ。臣民の心の鏡くぼんでいるから、善きこと悪く映り、悪きこと善く映るぞ。今の上に立つ人、一つも真《まこと》の善いこと致してはおらん、これで世が治まると思うてか、あまりと申せばあまりぞ。⦿は今まで見て見んふりしていたが、これからは厳しくどしどしと⦿の道に照らして⦿の世に致すぞ、そのつもりでいてくれよ。⦿の申すこと、ちっともちがわんぞ。今の世に落ちている臣民、高い所へ土持ちばかり、それで苦しんでいるのざ。早う身魂洗濯せよ、何事もハッキリと映るぞ。

（昭和十九年六月二十六日、一二のか三）

【解説】

本帖は比較的長文であり、かつ重要なテーマも多く含まれているが、この帖だけでははっきりした意味が採《と》りにくい厄介《やっかい》な箇所でもある。

拙著『三部作』で何度も強調してきたように、日月神示の解読とは、神示全体から関連するピースをできるだけ多く集め、それらを総覧《そうらん》しながら、全体の意味や相互の関連性を考えていくことで、やっと絵柄が見えてくる仕組なのである。

本帖で初めて登場する重要テーマは、まず「**岩戸開く役と岩戸閉める役**」、次に「**この道はスメラが道、スメル御民《みたみ》の道**」、それと「**禊《みそぎ》、祓《はらえ》**」の三つである。

これらは神示全体を理解する上でも極めて重要なものばかりで、これらを論じても一つの章を構成するほど広くて深いテーマである。

しかし本書はテーマ毎の解釈・解説を目的としたものではないので、そこまで述べる紙幅はない。詳しくお知りになりたい方は、既刊の拙著を参照していただきたい。

ちなみに、「**岩戸開く役と岩戸閉める役**」、及び「**この道はスメラが道、スメル御民《みたみ》の道**」の二つについては『奥義編』第四章　スメラとユダヤに、「**禊《みそぎ》、祓《はらえ》**」については、『秘義編』第三章　穢れと祓いにそれぞれ詳述している。

ここでは、それぞれの結論のみを簡潔に記述するにとどめる。

◉岩戸開きと岩戸閉めは、「スメラとユダヤの協同作業」によって成就した（する）。

◉スメラとは、「スメラ御国《みくに》（＝神国日本）」、「スメラ尊《みこと》（＝真正天皇）」、「スメラ御民《みたみ》（＝真《まこと》の日本人）」の総称であり、(ゝ)の「ゝ」を有するものである。

◉禊や祓は「穢れ」を祓うものであり、その真義は「体主霊従」から「霊主体従」に戻ることである。

次にこの帖では、大東亜戦争の状況を示したと思われるものが数箇所あることを指摘したい。まずは「**岩戸開くまでにまだ一苦労あるぞ**」、「**この世はまだまだ悪くなる**」という箇所である。

これが「大東亜戦争」の状況と判断される根拠は、「岩戸開きの最初の幕が開いた」とされるのが、昭和二十年八月六日の広島への「原爆投下」によってであると、第十二巻「夜明けの巻」第十一帖に示されているからだ。

それまでに「まだ一苦労あるぞ」、「まだまだ悪くなる」となっているから、時系列的に見て「原爆投下」まではより一層の困難を強《し》いられるということが読み取れるのである。

具体的には、昭和十九年六月以降、日本はまず「マリアナ沖海戦」で大敗北を喫して「絶対国防圏」が破綻《はたん》、サイパン、テニアン、グアム島を失ってからはB―29による本土空襲に晒《さら》されることになる。

「台湾沖航空戦」では、米海軍の空母機動部隊にほとんど損害を与えることができなかったまま多くの航空戦力を喪失した。余談だがこのときの大本営発表は、「敵空母11隻撃沈、8隻撃破」などと途方もない大嘘《おおうそ》の発表をしている。

フィリピン防衛の「レイテ沖海戦」でも失敗し、この時点で連合艦隊主力はほとんど壊滅《かいめつ》した。戦艦「大和」の姉妹艦であった「武蔵」が沈んだのもこの海戦である。

ちなみに、作戦としての組織的な「神風《しんぷう》特別攻撃隊」はこのレイテ戦において発動されている。日本軍に残された、戦法と言うにはあまりにも惨《むご》い戦法であった。

（注：「神風《しんぷう》特別攻撃隊」が正式名称であるが、後に「かみかぜ」と呼ばれるようになった）

明けて昭和二十年は硫黄島《いおうじま》、沖縄を米軍に奪取され、沖縄に特攻出撃した連合艦隊旗艦・戦艦「大和」も沈められた。

（注：硫黄島《いおうじま》の呼称は、二〇〇七年九月発行の国土地理院地形図から「いおうとう」が正式な表記

となっている）

昭和二十年三月からは米軍の本土大空襲が常態化し、首都・東京は言うまでもなく全国の大都市、主要都市が焼け野原にされたし、とどめに二発の原爆まで落とされた。

これに加えて、それまで中立を守っていた当時のソ連が終戦のたった一週間前に日本に宣戦布告し、火事場泥棒よろしく満州などに侵略したのである。

こうして日本は遂に力尽き降伏するのだが、これが「**岩戸開くまでにまだ一苦労あるぞ**」、「**この世はまだまだ悪くなる**」の具体例であり、神示の記述と完全に一致している。

また、「**⦿も卍《ほとけ》もこの世には居らん**」とある箇所は、先述の第九帖でも同様の記述があったように、明らかに敗戦の状況を述べたものであると考えられる。

このように、神示は随所に日本が大東亜戦争で追い詰められていく様子を描写しているのである。

「**この道開けて来ると、世の中の偉い人が出て来るから、どんな偉い人でもわからん⦿の道ざから……**」とあるのは、「日月神示が世に広まると、偉い人が出てきてあれこれ批判するが、神の道はどんな偉い人でもわからない」という意味に採れる。

「**どんな偉い人でもわからん⦿の道**」とあるから、ここで言う「偉い人」とは「神示（＝神の道）」を人間の「智」や「学」で判断理解しようとする研究者や知識人、評論家、或いは物書きの人たちなどを指していると考えられる。

具体的には、日月神示が世に広まり出したのは一九九一年、中矢伸一氏の『宇宙意志より人類へ最終の大預言　日月神示』（徳間書店）が刊行されてからである。

つまりここ二十数年くらいの出来事であるが、この間、まさしく日月神示は「偉い人」たちによって好き勝手に解釈され、言いたい放題のことを言われてきた。しかし、それらのほとんどは「どんな偉い人でもわからん⦿の道」とあるように、的外《まとはず》れもいいところだったのである。

こういうことがあるから「**よくこの神示《ふで》読んでおいてどんなことでも教えてやれよ、何でもわからんこと無いように、この神示で知らしておくから、この神示よく読めと申すのぞ**」と、神が「因縁の身魂」たちに忠告しているのだ。

ともかく「**よく読む**」ことが何よりも重要であり、気に入った部分の「つまみ食い（読み）」では百害あって一利無しということになる。

「**臣民の心の鏡くぼんでいるから、善きこと悪く映り、悪きこと善く映る**」とは、明らかに価値観の逆転を述べたもので、神示全体に頻出する「上下逆様になっている」、「上下グレンぞ」と同じ意味である。

この原因は、言うまでもなくほとんど全ての人間が「体主霊従《われよし》」、「力主体霊《つよいものがち》」の性来に堕《お》ちているからである。

その結果が、「**今の上に立つ人、一つも真《まこと》の善いこと致してはおらん**」ということになり、「**これ**

で世が治まると思うてか、あまりと申せばあまりぞ」と神さえも憤《いきどお》っておられ、遂には「**⦿は今まで見て見んふりしていたが、これからは厳しくどしどしと⦿の道に照らして⦿の世に致すぞ**」と世直し宣言をしているのである。

「身魂磨き」という言葉はこれまでに何度も出てきているが、本帖では何と三度も出てくる。「**身魂磨き第一ぞ**」、「**禊《みそぎ》せよ、祓《はらえ》せよ**」、「**早う身魂洗濯せよ**」とある部分だが、このように何度も何度も出てくると、読む者にとっては大なり小なり「またか！」、「くどい！」という感情が湧き上がるであろうし、そのうち麻痺《まひ》してあまり省《かえり》みなくなることもあるだろう。

実はこれこそが最も怖いことであり、神示の理解がそこでストップし「身魂磨き」も滞《とどこお》ってしまう原因になるので、読者には肝《きも》に銘じていただきたいのである。

何よりも大事なのが「身魂磨き」であるから、しつこく何度も降ろしているのであり、その上で、「よく読め、何度も読め」と注意を促していることの重大さをくれぐれも忘れないでいただきたい。

「**九月に気をつけよ、九月が大切の時ぞ**」という部分は、具体的な意味が不明である。

敢えて関係がありそうな事実を述べておくと、昭和十九年九月二十八日（？）、岡本天明が「奥山」にて「大国主命《おおくにぬしのみこと》」を祀っていることが挙げられる。

これは、第五巻「地つ巻」第六帖の「**出雲の⦿様大切に、有り難くお祀りせよ、尊い御⦿様ぞ**」

の神示を受けての神業《しんぎょう》であるが、国津神《くにつかみ》の最重要神である「大国主命」を祀ることは、「岩戸開き」の経綸上必須の重要事項であったから、これが「九月が大切の時ぞ」という一応の説明にはなる。

しかし、断定できる材料はない。

他の解釈としては、先述の第六帖で「**九十となりたらボツボツはっきりするぞ**」とあったが、これと関係があるならば、大東亜戦争の戦況を述べている可能性もある。

もう一つの可能性は、後で「**旧九月八日**」という経綸上極めて重要な日付が登場するが、この日を先取りして予告しているのかもしれない。

※ここまで読んでこられた読者は、日月神示の「帖」がどのように記述されているかその特徴がよくおわかりになってきたであろう。特定のテーマのみで完結している帖はむしろ少ないほうで、様々なテーマが不規則に混合ミックスされて降ろされている場合が多いのである。

私が拙著『三部作』で「ピース」と呼んできたものは、このように、「帖」の中に記述されたそれぞれの「テーマ」を指す内容であることがご理解いただけたと思う。

ともかく日月神示の神は、このように意図的に解読・解釈を難しくしている面があるが、無論それも神仕組の一つであろう。

第十九帖（十九）

⦿の国⦿の山に⦿祀りてくれよ、まつるとは⦿にまつろうことぞ、土にまつろうことぞ、人にまつろうことぞ、祀り祀りて嬉し嬉しの世となるのぞ、まつるには、まず掃除せねばならんぞ、掃除すれば誰にでも⦿かかるように、日本の臣民なりておるぞ、神州清潔の民とは、掃除してキレイになった臣民のことぞ。

（昭和十九年六月二十七日、一二⦿）

【解説】

右の帖は「**祀り**」と「**身魂磨き**」の関係を述べた極めて重要な内容を含んでいるが、あっさり読むと何となくわかったつもりになってしまうから、よくよく注意していただきたい。

まず「**⦿の国⦿の山に⦿祀りてくれよ**」とあるのは、日本は神国であるからその山（神の山＝富士）に神を祀れということだが、これは広い意味で日本の国土全てに神を祀ることでもある。

次に「**まつる**」というと、御神前で神を拝むこと（それも神祀りの一つではあるが）と勘違いしやすいので注意が必要である。

「祀り」の本義は「**まつろう**」ことであり、「まつろう」とは漢字で「服う、順う」と書き、要するに「心から従う、心服する」ということである。

つまり「身も心も神に捧げ切って神人一体」となることを言う。

よって神に「まつろう」ことができれば、「**祀り祀りて嬉し嬉しの世となる**」のは当然のことで、ミロクの世ではこれが当たり前の姿となるのである。

この祀りの本義を脇において、いくらご神前で形式的に神を拝んだところで何にもならないことは説明の要もないだろう。そこにあるのは単なる「気休め」だけである。

右が理解できれば、「**まつるには、まず掃除せねばならんぞ**」とあることも胸落ちするはずだ。「掃除」とは勿論「身魂磨き」のことである。「身魂磨き」とは「神祀り」の前提とさえなるもので、この二つは「神人一体（＝霊主体従）」になりゆく「車の両輪」なのである。

最後に「**日本の臣民**」、「**神州清潔の民**」について述べると、これを単なる日本人、つまり「日本国籍を有する者」と短絡的に解釈するのは危険である。

既に第十五帖でも「**顔は㋹の臣民でも心は外国御魂ぞ、顔は外国人でも御魂は㋹の臣民あるぞ**」と示されていたことを思い出していただきたい。

「日本の臣民」の本義は「てんし様（スメラミコト）の民」のことで、「スメラの民」に他ならないのである。これを「真《まこと》の日本人」と呼ぶこともできる。「日本国籍を有する者」が自動的に「スメラの民」であるという保証は何もないことを押さえておかなければならない。

ただ「てんし様」が日本におられる以上、その臣民である「スメラの民（＝真の日本人）」の多くが日本に住んでいるのも確かであるから、「日本国籍を有する者」が「スメラの民」である確率、は高いということは言えるだろう（「スメラの民」に関しては『奥義編』第四章　スメラとユダヤに詳述）。

第二十帖（二十）

⦿がこの世にあるなれば、こんな乱れた世にはせぬはずざと申す者沢山あるが、⦿には人の言う善も悪もないものぞ。よく心に考えてみよ、何もかもわかりて来るぞ。表の裏は裏、裏の表は表ぞと申してあろが、一枚の紙にも裏表、ちと誤まればわからんことになるぞ、⦿心になれば何もかもハッキリ映りて来るのざ、そこの道理わからずに理屈ばかり申しているが、理屈のない世に、⦿の世にして見せるぞ。言挙《ことあ》げせぬ国とはそのことぞ、理屈は外国のやり方、⦿の臣民言挙げせずに、理屈なくして何もかもわかるぞ、それが⦿の真の民ぞ。足許《あしもと》から鳥が立つぞ、鳥立ちて慌てても何にもならんぞ、用意なされよ、上下にグレンと引っくり返るぞ。上の者下に、落ちぶれた民上になるぞ、岩戸開けるぞ、夜明け近づいたから、早う身魂の洗濯してくれよ、⦿の申すこと千に一つも違わんぞ。

（昭和十九年六月二十七日、ひつくのか三）

【解説】

冒頭の「**⦿がこの世にあるなれば、こんな乱れた世にはせぬはず**」というのは、この神示が降ろされた昭和十九年がどういう時代であったか考えてみればすぐわかることだ。

言うまでもなく「大東亜戦争」の真《ま》っ最中《さいちゅう》であり、しかも日本は負け戦《いくさ》続きで押されっ放しだった。右の神示が降りるわずか一週間前の六月十九〜二十日には、「マリアナ沖海戦」で日本海軍が大敗し、七月には「サイパン島守備隊」が玉砕《ぎょくさい》、八月にはグアム島でも日本軍が全滅するなど、ここに頼みとしていた「絶対国防圏」が破綻した。

これによって、米軍はマリアナ諸島からB—29による日本本土への直接爆撃が可能になり、この後日本は全国を焼け野原にされながら、敗戦へと転《ころ》がり落ちていくのである。

国内では、昭和十八年暮れから学徒までも兵役に召集されたし、若い婦女子は「挺身《ていしん》隊」となって軍需工場などで働かなければならなかった。そこに自由経済などあるわけがなく、食糧も物資も極端に不足した状況の中で、統制経済と配給制度に縛られていたのである。

だから「**⦿がこの世にあるなれば、こんな乱れた世にはせぬはず**」というのは、日本は神国だと信じていた人民にとっては全くそのとおりであって、戦況の悪化と共に神を恨《うら》みたくなる気持ちが高《こう》ずるのも理解できるというものだ。

しかし日月神示の神は、このような人間の思いを、「**⦿には人の言う善も悪もないものぞ**」とバッサリと切り捨てるのだ。一見無情・非情のようであるが、実は、ここにはとてつもない「神仕組」があることに気づかなければならない。

神は「**よく心に考えてみよ**」、「**表の裏は裏、裏の表は表ぞ**」、「**一枚の紙にも裏表**」という表現で、善と悪は一枚の紙の表と裏のようなものだと教示している。

つまり、「戦争」という裏（悪）の表は「平和」（善）であるが、そこには裏腹の関係があるだけで両者は絶対に分離できるものでないということを教えているのである。

絶対善も絶対悪も本来存在せず、それらは皆「**神のはたらき（＝善の御用、悪の御用）**」であって、最終的には「**善も悪も共に抱き参らせてミロクの世に至る**」という大いなる神仕組の現われなのである。

とは言うものの、右に述べた「善と悪の御用」については、「身魂磨き」がある程度進むことと並行し、神示全体から関連するピースを集めて総合的に考察して初めて理解されるものであるから、本帖ではとてもそこまで深いことは書かれていない。

ただ一言「**⦿心になれば何もかもハッキリ映りて来る**」とあるのはこのためであろうと思われる。「⦿心」になれば、神仕組が理解できるようになるのは当然の道理である（「善と悪の御用」については、『ときあかし版』ミロクの章参照）。

さて臣民が「⦿心」の境地に至れば、自らの中心に神（＝てんし様）を戴《いただ》き、「てんし様」の大《おお》御心《みこころ》を体《たい》して生きるようになるから、もはやそこには人間心で「理屈」などを持ち込む必要はなくなる。このことはご理解いただけるであろう。

これを「**⦿の臣民言挙げせずに、理屈なくして何もかもわかる**」と言うのであり、そのような国だからこそ「**言挙《ことあ》げせぬ国**」と言うのである。これが「てんし様」が治められる「ミロクの世」の姿であり、その臣民を「**⦿の真の民**」と言うのも当然の道理である。

ここが理解できれば、「**理屈は外国のやり方**」ということも対比的にすんなり納得されるであろう。

私は拙著『秘義編』第二章　真我《しんが》と自我《じが》で、「日月神示は民主主義を完全否定している」と解説しているが、その理由は「民主主義」とは人間が生み出した「理屈」の産物以外の何物でもないからである。

本帖の後半では、右とは別のテーマが記述されている。

「**足許《あしもと》から鳥が立つぞ**」という部分である。

これは一般に「身近なところで意外なことが起こる」という意味だが、この後に「**岩戸開けるぞ**」と続いているから、明らかに岩戸開きに関連する大きな出来事を指すと思われる。

具体的にそれは、「**上下にグレンと引っくり返るぞ。上の者下に、落ちぶれた民上になるぞ**」とあるが、これは「この世的な価値」の逆転ではない。例えて言えば、金持ちが貧乏になり貧乏人が金持ちになるなどという低次元の話ではないということだ。

これは明らかに「霊的覚醒《かくせい》」に至る者と、その反対に「獣」に堕ちる者が出現することを述べていると考えるべきである。

そう言えば現代の我々も、あの「3・11東日本大震災」で「上下グレン」を身をもって経験したではなかったか。是非《ぜひ》思い出していただきたい。

それまでのほほんと暮らしていた極楽トンボのような日本人の多くが、巨大地震、巨大津波、そして最悪の原発事故のトリプルパンチを受けたとき、一瞬にして気高い霊性・精神性に目覚め、敢然としてあの大災害に立ち向かっていったことを。

その姿が世界中に感動を与え、絶賛された事実を。

しかもそれらのほとんどは、名も知られていない「下の者」、「落ちぶれた民」たちだったことを。

これに対し対極にある「上の者」たちは多くが無能をさらけ出し、責任転嫁《てんか》と言い訳に終始していたではなかったか。

まさに、「**足許《あしもと》から鳥が立ち、グレンと引っくり返った**」のである。

最後の「**夜明け近づいた**」とは、日本の「岩戸開き」が近づいたことを指し、それは具体的に「原爆を落とされ大東亜戦争に負ける」ということである。

それによって日本の「岩戸」が開き、「てんし様（＝スメラミコト）」が復活されて新しい世の胎《たい》動《どう》が始まるのである。

なおこの「**夜明け**」とは、明らかに「基本十二巻」の最後となる第十二巻「**夜明けの巻**」の「夜明け」にも掛かっている。つまり、「夜明け」とは「基本十二巻」全体のテーマであることを暗示しているのだ。

そしてここでも念入りに「**早う身魂の洗濯してくれよ**」とあるのは、日本の「夜明け」が来ても臣民の身魂が磨かれていなければ、その者の「夜明け」は来ないままであるから、結果として「ミロクの世」へ至ることができないからである。

国のレベルと個人のレベルの「夜明け」を、同一の次元で捉えてはならない。

第二十一帖（二一）

世の元の神の仕組というものは、神々にもわからん仕組であるぞ、この仕組わかりてはならず、わからねばならず、なかなかに難しい仕組であるぞ、知らしてやりたいなれど、知らしてならん仕組ぞ。外国がいくら攻めて来るとも、世界の神々がいくら寄せて来るとも、ギリギリになりたら⦿の元の⦿の神力出して、岩戸開いて一つの王で治める⦿の真の世に致すのであるから、⦿は心配ないとなれど、ついて来れる臣民少ないから、早う掃除してくれと申すのぞ、掃除すれば何事も、ハッキリと映りて楽なことになるから、早う神の申すようしてくれよ。今度は永遠《とことわ》に変わらぬ世に致すのざから、世の元の神でないとわからん仕組ざ。洗濯できた臣民から手柄立てさして嬉し嬉しの世に致すから、⦿が臣民にお礼申すから、一切のゴモク捨てて、早う神の申すこと聞いてくれよ。因縁の身魂はどうしても改心せねばならんのざから、早う改心せよ、遅い改心なかなか難しいぞ。神は帳面につけるように何事も見通しざから、神の帳面間違いないから、⦿の申す通りに、わからんことも⦿の申す通りに従いてくれよ。初めつらいなれど、だんだんわかりて来るから、よく言うこと聞いてくれよ、外国から攻めて来て⦿の国丸つぶれというところで、元の⦿の神力出して世を立てるから、臣民の心も同じぞ、江戸も昔のようになるぞ、神の体から息出来ぬようにしているが、今に元のままにせなならんことになるぞ。富士から三十里より離れた所へ祀りてくれよ、富士にも祀りてくれよ、富士はいよいよ動くから、それが済むまでは三十里離れた所へ、仮に祀りておいてくれよ。富士は⦿の山ざ、いつ⦿《ひ》を噴くかわからんぞ、⦿は噴かんつもりでも、いよいよとなれば噴かななならんことがあるから、それまでは離れた所へ祀りてくれよ、神は構わねど、臣民の肉体大切なから、肉体もなくてはならんから、そうして祀りてくれ。まつりまつり結構ぞ。

（昭和十九年六月の二十八日、ひつ九のか三）

【解説】

右の帖はかなり長文であるが、テーマは「**世の元の神仕組**」、「**立替えの大峠の様相**」、「**臣民の改心**」、それに「**富士と祀り**」の四つに絞ることができる。

以下、順に解説する。

最初の「世の元の神仕組」についてであるが、具体的にこれがどんな仕組であるかは書かれていない。というより書けないと言うべきであろう。

「**世の元の神の仕組というものは、神々にもわからん仕組**」であり、「**この仕組わかりてはならず、わからねばならず**」、また「**知らしてやりたいなれど、知らしてならん仕組ぞ**」などとあることからそれがわかる。

ここで「**神々にもわからん仕組**」とあるのは、神々には大きく二種類の神が存在するからであって、「世の元の神々」にはわかっているけれども、「途中から、、、、の神々」にはそれがわからないという意味であろう。

「途中からの神々」とは、最初の岩戸が閉められてイザナギ神が独り神となってから生んだ神々を指すと思われる。これらの神々は「男性原理（＝イザナギ神）」だけで生み出された一方的な神々であって、世の元の神とは明らかに区別されるものである。

このような神々に、「世の元の神仕組」が完全にわかるわけがない。

また、「**わかりてはならず、わからねばならず**」と「**知らしてやりたいなれど、知らしてならん**」という逆説的表現は既にお馴染みだが、この裏には当然密意があると見なければならない。

これは、「世の元の神仕組」とは臣民が簡単にわかるようなものではなく、また簡単にわからせてもならないということがまず一つ。その上で、臣民の「身魂」が磨けてきたならばそれ相応にわかるようになるということがもう一つである。

要するに、「世の元の神仕組」を理解するには、臣民の「身魂磨き」とセットになっているということなのである。

二つ目の「立替えの大峠の様相」とは、「**外国がいくら攻めて来るとも、……ギリギリになりたら㋹の元の㋹の神力出す**」、「**岩戸開いて一つの王で治める㋹の真の世に致す**」、「**今度は永遠《とことわ》に変わらぬ世に致す**」などとあることを指す。

これらの表現は明らかに「大峠」以降を指しており、当時の「大東亜戦争」の状況ではない。

具体的な様相を見てみると、「**外国から攻めて来て㋹の国丸つぶれ**」というときに、「**元の㋹の神力出して世を立てる**」とあるから、まずは日本が破滅寸前まで追い込まれると覚悟しなければならないようだ。

またこのとき東京は、「**江戸も昔のようになる**」と示されているが、これはどういう意味かと言えば、これに続いて「**神の体から息できぬようにしているが、今に元のままにせなならんことになる**」とあるから、「神の息ができない」状態、つまり地表をコンクリートやアスファルトで何もかも覆《おお》ってお土《つち》を塞《ふさ》いでしまっているが、それを取り去って元に返すということであろう。

お土とは神の身体であるから、それを塞いだのでは神が息することができない。

ここから見えてくるのは、おそらく大東亜戦争当時の「東京大空襲」を遥かに上回る超大災害になるのではないかということである。

そして三つ目の「臣民の改心（＝身魂磨き）」について――。

これについてはこれまでにもくどいほど出てきているが、本帖では大きな特徴が二つ見られる。

それは、「**⦿は心配ないとなれど、ついて来れる臣民少ない**」ということと、「**因縁の身魂はどうしても改心せねばならん**」と示されていることである。

ここからは「身魂磨き」の厳しさが窺《うかが》える反面、身魂が磨けていない「因縁の身魂」は神の御用には使えないことが裏に隠されていると読み取れる。

「**改心**」のやり方についても述べられている。

「**わからんことも⦿の申す通りに従いてくれ**」とあるのがそれだ。

神はとにかく「(頭で)わからなくても素直に従ってくれ」と述べておられ、「(頭で)理解してから従ってくれ」と言っているのではない。このことはよくよく注意していただきたい。

これは「理屈」や「損得」を優先する人には限りなく困難なことであろう。現代人にはそれが特に顕著かもしれない。これを乗り越えるには、第十九帖でも述べたように、何よりも「**神にまつろう**」こと、これ以外にない。

試しにやってみて結果がよかったら信じようなどという魂胆《こんたん》では、既に落第である。

こうして取り組む「身魂磨き」は、「**初めつらいなれど、だんだんわかりて来て**」、「**洗濯できた臣民から手柄立てさして嬉し嬉しの世に致し**」、最後には「**⦿が臣民にお礼申す**」のである。これが「てんし様」の臣民たる者の「使命達成」の姿である。これを「神人一体」とも言い、また「惟神《かんながら》の道《みち》」とも言うのである。

是非、こうなりたいものである。

最後の「富士と祀り」については、意味深《いみしん》と言わざるを得ない。

まず最も謎の部分は、「**富士はいよいよ動くから、それが済むまでは三十里より離れた所へ、仮に祀りておいてくれ**」であるが、ここはどう見ても「富士山の噴火」が前提となっていて、それが済むまでは三十里離れた場所に「仮に」祀ってくれという意味に採れる。

更にこれを補足するように、「**富士は⦿の山ざ、いつ⦿《ひ》を噴くかわからんぞ**」とあるから尚更《なおさら》なのである。どうも「岩戸開き」の最終段階（＝立替えの大峠）では富士山が噴火するのは避けられないようである。というより、それが神の仕組であり経綸であると理解すべきであろう。

おそらくは、富士の噴火が大峠の号砲《ごうほう》となるのではないだろうか。

ところでここまではよいとして、「**⦿は噴かんつもりでも、いよいよとなれば噴かなならんことがある**」という箇所は、右の「富士山の噴火」とは明らかに異なるニュアンスで語られている。

しかも「⦿は噴かんつもり」でも、「いよいよとなれば噴かなならん」などと、ここにも逆説的表現がある。

一体ここの意味は何だろうか？

まず「**⦿は噴かんつもりでも……**」とは、神の気持ちとしては、できれば富士山を噴火させて臣民に苦しい思いをさせたくないという親心だと思われる。

しかし一方で「**いよいよとなれば噴かなならん**」とあるから、そんな親心とは反対に、噴火するしかない状況が想定される（＝可能性が高い）という意味であろう。

要するにこれは、神示に山ほど出てくる「身魂磨き」がキーポイントであり、「臣民の身魂磨きが進まなければ、そのときは噴火するしかない」と述べているのだ。

決定権は臣民に預けられていると言ってもよい。

大難が小難になるか、それとも大難のまま終わるか、或いは超大難になるか、それはまさに我々が鍵を握っている。


ここで少し横道に入るが、右と関連する重要な事実を押さえておきたい。

それは平成二十五年六月、富士山がユネスコの「世界文化遺産」に登録されたことである。

この登録を日本中が大喜びしているが、私には日月神示に照らして、この登録が「富士が火を噴く引き金」になるのではないかと思われて仕方がないのである。

私は富士山が日本最高、いや世界最高の霊峰であると思っている。

と言うのは、日本には最も神格の高い「てんし様」がおられるように、国祖様（＝国常立大神）の御神体《おからだ》であるこの日本の国土にも「てんし様」と同様「霊的中心」となる場所があるはずで、それが「富士山」に他ならないと考えられるからである。

古来「富士山」が「不二山」とも呼ばれてきたのは、まさに「てんし様」と同じように二つとない霊峰であり、何物にも替えがたいからなのである。

従って、「富士山」は人間が物見遊山《ものみゆさん》で登ってよいような山ではなく、本来なら原則「禁足地《きんそくち》」として山麓から遥拝《ようはい》すべき神聖な場所であるはずなのだ。

私がかく言う根拠は、実は日月神示にもちゃんと書いてある。

次をご覧いただきたい。

富士は晴れたり日本晴れ、てんし様が富士から世界中に稜威《みいづ》される時近づいたぞ。富士はヒの山、日の本の山で、汚してならん御山ざから、人民登れんようになるぞ

（第五巻「地つ巻」第三十六帖）

右の帖には、「てんし様」と「富士」の不可分性が謳われていると共に、「**富士はヒの山、日の本の山**」だと明示されている。ヒは霊《ひ》であり⦿でもあるから、これは紛れもなく富士が世の元から日本の中心聖地であることを示しているのである。

従って「**汚してならん御山**」であるのは当然のことで、「岩戸開き」がなったならば、「**人民登れんようになる**」という本来あるべき状態に戻ることを神が宣言しているのである。

あの大本《おおもと》教団の聖師・出口王仁三郎さえも、富士には一度も登らなかったというが、それもこのことを暗示している。

さて前置きが長くなったが、このような富士山の霊的本質を踏まえた上で、「世界文化遺産」に登録されたら一体どういう状況になるだろうか。少し考えていただきたい。

「世界文化遺産」登録は国連（ユネスコ）の制度であり、その趣旨は「保全」が目的であるとされるが、一方でその国や地元が期待するのは、そこが有名になって世界中から観光客が押し寄せ、経済的に潤《うるお》うことであろう。

こう言えば聞こえはよいが、ズバリ言ってしまえば「金儲《かねもう》け」が根っ子にあることに変わりはない。まさしく「体主霊従《われよし》（＝我れ善し）」である。

日本の富士が世界の富士になったのだから、山開きがなされ登山シーズンともなれば、世界中から大勢の観光客が押し寄せるのは必至であるが、そうなるとこの聖地は敬神の念もない人間がその足で踏み荒らし、飲み食いし、挙句《あげく》の果てにゴミを撒《ま》き散《ち》らす。

このような状況が透《す》けて見えるではないか。

世界一の霊山が粗雑な波動で覆い尽くされてしまう。

霊的に見れば、神に対してこれほど不遜不敬なことはない。しかもそれら全ては人間の「体主霊従《われよし》」の結果なのである。

ここに先の「**⦿は噴かんつもりでも、いよいよとなれば噴かなならん**」を重ねてみてほしい。

何が見えるだろうか？

私には富士山の噴火、それも大噴火しか見えない。

では最後に、「富士と祀り」の「祀り」について解説しておこう。

神示には「**富士から三十里離れた所へ仮に祀りてくれ**」とあるが、これは「仮の宮」を富士から三十里離れたところに祀るよう岡本天明たちに発した命令（神命）なのである。

天明たちはこれに基づき、現地で神業を行っている。

その場所とは富士から三十里離れた群馬県の「榛名山《はるなさん》」であり、昭和十九年七月十〜十一日にかけて祀りが執《と》り行われた。

奉仕者は岡本天明と彼の同志・都筑太一《つづきたいち》、佐々木精治郎《ささきせいじろう》の三名であった。

これが「**榛名山神業《しんぎょう》**」と呼ばれるもので、現地神業の第一号である。

なお、岡本天明たちの神業の実態については、黒川柚月著『岡本天明伝』に詳しいので、興味のある読者は是非参照していただきたい。

日月神示を理解する上で、最良のガイドの一つである。

第二十二帖（二二）

いよいよとなれば、外国強いと見れば、外国へつく臣民沢山できるぞ。そんな臣民一人もいらぬぞ、早うまことの者ばかりで神の⦿《くに》を固めてくれよ。

（昭和十九年六月二十の八日、一二のか三）

【解説】

本帖は短いが、短いが故に具体性に乏しく内容が絞り込みにくい難点がある。

全体のキーは「**外国強いと見れば、外国へつく臣民**」という部分だが、これが何を意味しているかは推測するしかない。

まずこの帖が対象としている時代は、明らかに「戦後」であると考えられる。大東亜戦争中に「**外国へつく臣民沢山できる**」などということはあり得なかったからだ。

つまり、戦後〜現代または近未来にかけての日本人の価値観の変化を指していると考えられるのである。

具体的に「**外国へつく**」とは、例えば「対米追従」などはその代表格であろうし、「媚中《びちゅう》（＝中国に媚びる）」や「親韓（＝韓国に親しみを感じる）」なども広い意味で該当するだろう。もっと言えば「国連中心主義」を唱える者もこれに入ると思われる。

ともかくこのように、神国日本の真義を忘れ、自分が好む或いは自分を利する外国へすり寄ることを「外国へつく」と述べていると思われる。

今現在も、このような者や団体が掃いて捨てるほどこの日本にいるように、私には思える。

よって神は「**そんな臣民一人もいらぬ**」と断言し、「**早うまことの者ばかりで神の⦿《くに》を固めてくれ**」と仰《おっしゃ》っているのである。

ここで「**まことの者**」という言葉が出てきたが、これが「スメラの民」であり「真《まこと》の日本人」と同義であることは説明の要がないだろう。

念のため付言するが、本帖は「外国と仲良くするな」ということではないので誤解のないようにしていただきたい。

一点補足すると、最後のほうに「**神の⦿《くに》**」とある部分は原文では「⦿の九二」となっているから、本来は「**⦿の国**」が正しいと思われる。おそらく単純な翻訳ミスであろう。

第二十三帖（二三）

⦿などどうでもよいから、早く楽にしてくれと言う人沢山あるが、こんな人は、今度はみな灰にして、無くしてしまうから、その覚悟でおれよ。

（昭和十九年六月の二十八日、ひつくのか三）

【解説】

本帖は、神を信じず自己中心的で、自分が楽になれば他はどうでもよいという者に対する警告であると思われる。このような人物は徹底して「我《わ》れ善《よ》し（＝体主霊従）」であり、「身魂磨き」のミもなし得ていないだろう。

神はこのような者に対して、「**こんな人は、今度はみな灰にして、無くしてしまう**」と極めて重大な警告を発しているが、これは方便ではなく真実である。

何故《なぜ》なら、今回の「岩戸開き」は「**この世始まって二度とない苦労**」であり、「**いらぬものが無くなるまでは、終らぬ道理**」だからである（第一帖参照）。

しかも「みな灰にして」とあるから、「火」によって消滅させるという恐ろしい意味に採れるのだ。

今生《こんじょう》で失敗しても、次の世に生まれ変わればまたやり直しのチャンスがあるなどと、甘い期待は決して持ってはならない。

第二十四帖（二四）

七の日はものの成る日ぞ。「あ」と「や」と「わ」は元の御用ぞ、「イ」「ウ」の身魂は介添《かいぞ》えの御用ぞ。あとはだんだんわかりて来るぞ。六月の二十八日は因縁の日ざ、一二のか三。

（昭和十九年六月二十八日）

【解説】

難解である。

と言うより、この帖は書いてあるとおりに「受け止めて」おくしかないのではないか。

残念ながら、私の能力ではこれ以上の解読とか解釈というレベルには到底至らないので、本帖は神の仰《おつしや》ることをそのまま受容しておくことにしたい。

ただ神示の他所《よそ》に出てくる記述と重なる部分もあるので、それについて書いておくと、「七」という数字は神界を構成する「基本数」または「単位数」であり、「成る」「鳴る」「生る」に繋《つな》がるから、「完成」とか「結び」を表すと思われる。

また、**『あ』と『や』と『わ』が元の御用**」とあるが、これは「あ」が中心（＝神、神の座）であり、「や」と「わ」が左右で補佐する御役であって、三者一体で働く御用であることが窺《うかが》える。**「元の御用」**とあるから、例えば日本神話の「造化三神」のような捉え方でよいかもしれない。

なお、「基本十二巻」からは外れるが、岡本天明たちが神命によって設立した宗教法人「**ひかり教会**」も、「あ」、「や」、「わ」を基《もとい》とした集団《まどい》であり、これは「ミロクの世のやり方の型」を出すものであった（第十九巻「まつりの巻」第十七帖参照、また『ときあかし版』ミロクの章に詳述）。
ここから類推して、ミロクの世に至れば、「あ」、「や」、「わ」の三者が中心となり、その下に「七」を単位とする多くの臣民の組織が控えるという統治形態になると考えられる。

「『イ』『ウ』の身魂は介添《かいぞ》えの身魂」というのはそのまま受け止めておくしかないが、**「あ、や、わ」**に対して介添えということであろうから、主と従の関係が成り立つと思われる。また、「あ、や、わ、イ、ウ」はいずれも言霊《ことだま》であるから、言霊の働きを表していると考えることもできるように思う。

最後の**「六月の二十八日は因縁の日ざ」**については、『岡本天明伝』に有力な解釈が載っているのでご紹介すると、この日は大本《おおもと》教団で、龍宮《りゅうぐう》の乙姫《おとひめ》の神霊が初めて綾部《あやべ》に姿を現わした「龍宮界の縁日」にあたる日であるという（ただし、大本では旧暦によっている）。

日月神示は大本の流れを色濃く受け継いでいるから、天明たちが神業に奉仕した日付も大本の流れを汲むものが多いのは事実である。六月二十八日以外には、六月八日、旧九月八日、三月三日及び五月五日などがある。

なお龍宮の乙姫は、今度の岩戸開きにおいては主神・国常立大神と共にはたらかれる世の元からの活《い》き神《がみ》の御一柱《おんひとはしら》である。

第二十五帖（二五）

一日に十万、人死に出したら⦿の世がいよいよ近づいたのざから、よく世界のことを見て皆に知らしてくれよ。この⦿は世界中のみか天地のことを委されている⦿の一柱《ひとはしら》ざから、小さい事言うのではないぞ、小さい事も何でもせなならんが、小さい事と臣民思うていると間違いが起こるから、臣民はそれぞれ小さい事もせなならんお役もあるが、よく気をつけてくれよ。北から攻め寄せて来たらいよいよのことぞ。南、東、西、みな大切なれど、北を守ってくれよ。北から来るぞ。⦿は気《け》もない時から知らしておくから、よくこの神示、心にしめておれよ。一日一握りの米に泣く時あるぞ、着る物も泣くことあるぞ、いくら買いだめしても⦿の許さん物一つも身には付かんぞ、着ても着ても、食うても食うても何もならん餓鬼の世ざ。早う⦿心に還りてくれよ。この岩戸開くのは難儀のわからん人には越せんぞ、踏みつけられ踏みつけられている臣民の力はお手柄さして、永遠に名の残るようになるぞ。元の世に一度戻さなならんから、何もかも元の世に一度は戻すのざから、そのつもりでおれよ、欲張っていろいろ買溜めしている人、気の毒が出来るぞ、⦿よく気をつけておくぞ。この道に縁ある人には、神からそれぞれの⦿を護りにつけるから、天地の元の天の大神、地《くに》の大神と共に、よく祀りてくれよ。

（昭和十九年六月の三十日、ひつくのか三）

【解説】

本帖は全体として、ミロクの世が来る前の「立替えの大峠」について述べていると思われる。「**⦿の世がいよいよ近づいたのざから**」、「**何もかも元の世に一度は戻す**」、「**食うても食うても何もならん餓鬼の世**」、「**この岩戸開くのは難儀のわからん人には越せん**」、「**いくら買いだめしても⦿の許さん物一つも身には付かん**」などを総合すると、これらは大東亜戦争末期から終戦、戦後にかけての物不足、混乱の状況とも一部合致するが、それ以上に今度来る「大峠」について述べていると考えたほうがピッタリする。

ところで、「**北から攻め寄せて来たらいよいよのことぞ**」、「**北を守ってくれよ。北から来るぞ**」とあるのは、確かに「大峠」のときにも当てはまると考えられるが、実はこれは、「大東亜戦争」の最終段階で、当時のソ連が「日ソ中立条約」を一方的に破って日本に宣戦布告し、満州や南樺《みなみから》太《ふと》、千島《ちしま》、それに北方領土などに侵攻した事実とも完全に符合するのだ。

これには重大な関心を持たなければならない。

実際にソ連の侵攻があったのは、昭和二十年八月九日である。これに対し、右の帖が降ろされたのは昭和十九年六月三十日であるから、ソ連の侵攻を一年二カ月近くも前に「預言」していたことになる。まさに「**⦿は気《け》もない時から知らしておく**」と仰《おっしゃ》っているとおりなのである。

その上で、神示には「**同じ事二度ある**」とも示されているのだから、来《きた》るべき「大峠」においても同様のことが起こると考えられるのである。

順序が前後するが、「**一日に十万、人死に出したら⦿の世がいよいよ近づいたのざから**」は、実は簡単なようで極めて難問である。

まず「一日に十万」とあるが、これは「一日二十万」とも読めるから、必ずしも「十万人」に限定することはできないのである。更にこれが「世界」のことなのか「日本」のことなのか明示されていないことも難解さの原因となっている。

とは言え、これに続いて「**よく世界のことを見て皆に知らしてくれよ**」とあるから、「世界」で起こる出来事だと仮定した場合を考えてみよう。

現在の世界人口はほぼ七十億人であるが、年間の平均死亡者数はおよそ六千万人とされているから、これを三百六十五日で割った「約十六万人」が白紙的な一日当たりの世界の死亡者数ということになる。

すると「一日に十万（人）」を大幅に超えてしまうから、これに合わせるにはもっと人口の少ない過去（一九七〇年代、人口約四十億人）に遡《さかのぼ》らなければならないことになる。

しかしそうなると、その後四十年も経っている現代でもまだ「**⦿の世**」になっていないという矛盾に直面してしまう。

よって、「一日に十万人死ぬ」ことが「世界」のことだと仮定した場合は、論拠が極めて弱くなってしまうのは避けられない。

またこれを「一日二十万人死ぬ」とした場合は、世界人口がおよそ八十億人以上の場合であるから、これはまだ先（二〇三〇年頃？）のことになる。

しかし、神示がわざわざ「一日に十万人（二十万人？）死ぬ」と述べていることが、単なる死者数の自然増加を指しているとは考えにくい。

やはり、戦争か突発的な大事件や大事故または大災害、疫病《えきびょう》の大流行などの結果としてそのような数になると考えるのが自然ではないだろうか。

だとすれば右の帖は、「一日に十万人（二十万人？）」規模で新たな死者が発生する何らかの重大な出来事が起こることだと考えられるであろう。

しかしそれが何であるかは、残念ながら特定できない。

またこれが「世界」ではなく「日本」で起こる出来事かもしれないのである。

日本は神国であり、人類の「メグリ取り」の役割を担っているのであるから、その可能性はむしろ高いと見たほうがよい。

現在の日本人の年間死者数は約百十万人であるから、一日当たりほぼ三千人となるが、これに加えて一挙に一日十万、二十万という死者が出るとしたら、それはまさしく地獄絵そのものとなるだろう。

最後に、「**この道に縁ある人には、神からそれぞれの㋹を護りにつける**」という部分だが、これは「因縁の身魂」にとっては実に心強いことに違いない。

ただこうなるには、相当「身魂」が磨けた結果としてであることを肝に銘じていただきたいし、更に言うなら、神が「今からそなたを護る」などと宣言するわけでもない。

「**㋹の護り**」とは、臣民の身魂磨きの進展に応じて、極めて自然に無自覚のうちに神が憑《か》かり、共に御用を果たしながら同時に守護していくということであって、政治家などにSPやボディガードが付くようなものではない。

第二十六帖（二六）

「あ」の身魂とは天地のまことの一つのかけ替えない身魂ぞ、「や」とはその左の身魂、「わ」とは右《みぎり》の身魂ぞ、「や」には替え身魂㋳あるぞ、「わ」には替え身魂㋻あるぞ、「あ」も「や」も「わ」も㋳も㋻も一つのものぞ。御魂引いた神かかる臣民を集めるから急いでくれるなよ、今にわかるから、それまで見ていてくれよ。「イ」と「ウ」はその介添えの身魂、その魂と組みて「エ」と「ヲ」、「ヱ」と「オ」が生れるぞ、いずれはわかることざから、それまで待ちてくれよ。言うてやりたいなれど、今言うては仕組成就せんから、邪魔入るから、身魂掃除すればわかるから、早う身魂洗濯してくれよ。⦿祀るとはお祭りばかりでないぞ、⦿にまつろうことぞ、⦿にまつろうとは、⦿にまつわりつくことぞ、まつわりつくとは、子が親にまつわることぞ、⦿に従うことぞ、⦿にまつろうには洗濯せならんぞ、洗濯すれば⦿かかるぞ、神かかれば何もかも見通しぞ、それで洗濯洗濯と、臣民耳にたこ出来るほど申しているのざ。七月の一日、ひつくの神の道ひらけあるぞ。

（昭和十九年七月の一日）

【解説】

まずは第二十四帖で出てきた「**あ**」、「**や**」、「**わ**」の具体的な説明が、ここでなされていることに注目していただきたい。

ただ具体的と言っても、説明自体がかなり抽象的要素を含んでいるから、基本的にはここも「そのまま受け止めて」おくべきものであろう。

「あ」と「や」と「わ」の関係は、真中と左、右であって、三者で「**一つのもの**」である。

ただし本帖では新たに「**『や』には替え身魂や**」があり、「**『わ』には替え身魂わがある**」と、それぞれの「替え身魂」があると示されていることが大きな特徴である。

「替え身魂」と言うからにはそれは「臣民」でなければならず、「あ」という中心（＝神、てんし様）を左右から補佐する「や」と「わ」という臣民の身魂が存在することだと理解される。

「**御魂引いた神かかる臣民を集める**」とあることからもそれが窺《うかが》える。

注意してほしいのは、替え身魂があるのは「や、わ」であって、「あ」にはないことである。何故なら、「あ」は神であり「てんし様」であるからこれは当然のことなのである。

次に、**「『イ』と『ウ』はその介添えの身魂、その魂と組みて『エ』と『ヲ』、『ヱ』と『オ』が生れるぞ」**とあるが、「その介添え」、「その魂」の「その」とは「**あ**」「**や**」「**わ**」のことである。すると、「あ、や、わ」と介添えの「イ」、「ウ」が組んで、「**エ**」と「**ヲ**」、「**ヱ**」と「**オ**」が生まれるのだから、最終的に「**アイウエオ**」、「**ヤイ（ユ）エ（ヨ）**」、「**ワイウヱヲ**」となって、五大母音を含むア行、ヤ行、ワ行の言霊《ことたま》が出揃《でそろ》うことになる。

一応はこのように整理できると思われるから、世の元の大神様の言霊による「創造の仕組」を垣《かい》間《ま》見《み》る気がするのであるが、残念ながらこれ以上深い言霊の真理には迫る術《すべ》を持たない。

「いずれはわかることざから、それまで待ちてくれよ」とあるのが救いと言えば救いではある。

本帖後半の「**☉祀る**」、「**☉にまつろうこと**」とは、第十九帖で解説したことと基本的に同じ内容が述べられている。

「**子が親にまつわる**」と「臣民が神にまつろう」が同義であることは説明の要がないだろう。

ここでも「**☉にまつろうには洗濯せなならん**」と強調されているが、これは「身魂磨き」と「神祀り」の不可分性を示している。どちらが欠けてもならない車の両輪なのである。

神が自ら「**臣民耳にたこ出来るほど申しているのざ**」と仰《おつしや》っているが、これを「くどい、しつこい」と取るか「それほど大事なのか」と取るかは臣民の「あなた」次第である。

第二十七帖（二七）

何もかも世の元から仕組みてあるから、⦿の申すところへ行けよ。元の仕組は富士ぞ、次の仕組は丑寅三十里より、次の仕組の山に行きて開いてくれよ、今はわかるまいが、やがて結構なことになるのざから、行きて⦿祀りて開いてくれよ、細かく知らしてやりたいなれど、それでは臣民の手柄なくなるから、臣民は子ざから、子に手柄さして⦿から御礼申すぞ。行けば何もかも善くなるように、昔からの仕組してあるから、何事も物差しで測ったように行くぞ。天地がうなるぞ、上下引っくり返るぞ。悪の仕組に皆の臣民だまされているが、もうすぐ目さめるぞ。目さめたら訪ねてござれ、この⦿のもとへ来て聞けば、何でもわかるように神示で知らしておくぞ。秋立ちたら淋しくなるぞ、淋しくなりたら訪ねてござれ、我《が》を張っていると、いつまでもわからずに苦しむばかりぞ。この神示も身魂により、どんなにでも取れるように書いておくから、取り違いせんようにしてくれ。三柱と七柱揃うたら山に行けよ。

（昭和十九年七月一日、ひつくのか三）

【解説】

本帖の最初の部分は、「**次の仕組の山**」に行って何やら「神業《しんぎょう》（＝祀り）」をやれというようなことを神が指示しているように読めるが、何の予備知識もないまままいくらこれを読んでも、具体的なことは全くわからないであろう。

それもそのはずで、この部分は不特定多数に宛《あ》てた神示ではなく、岡本天明と彼の同志たちに対して宛てられたものなのである。

拙著『奥義編』第二章　続日月神示の読み方で、神示の解釈はその神示が誰に対して降ろされたものかよく弁別《べんべつ》しなければならないと述べたが、ここがまさしくその好例である。

具体的に説明すると、ここで命じられている「神業」とは第二十一帖でも述べた「**榛名山神業**《はるなさんしんぎょう》」を指す。

「**元の仕組は富士ぞ**」とは、第四帖の解説で述べたように、鳩森八幡神社「富士塚」の「浅間《せんげん》神社」で「木ノ花咲耶姫《このはなさくやひめ》」を祀ったことに対応するが、ここで言う「**次の仕組**」が「榛名山神業」のことであって、「**丑寅三十里より、次の仕組の山に行きて開いてくれよ**」とあるように、富士山から丑寅《うしとら》（＝一般には北東、大本《おおもと》では北）に三十里離れた山に行って神を祀れと指示されているのである。

しかもそれは、「**何もかも世の元から仕組み**」であって「**今はわかるまいが、やがて結構なことになる**」と結果まで保証されている。

またこの神業は、「**三柱と七柱揃うたら山に行けよ**」と人数まで示されている。

このうち「三柱」については、第二十一帖の解説でも述べたように、岡本天明、都筑太一、佐々木精治郎の三名であることが判明している。

都筑、佐々木の両名は、最も早くから天明と行動を共にした「因縁の身魂」である。

なお本帖では、「三柱」のように人間に「柱」を付けて呼んでいるが、これを奇異に感じる読者もおられるだろう。通常「柱」とは「神」を数える単位として用いるからだ。

実は臣民の本性が「神」であることは、日月神示に明示されているのである。

地《くに》の日月の⦿とは臣民のことであるぞ、臣民と申しても今のような臣民ではないぞ、⦿人《ひと》共に弥栄の臣民のことぞ。

（第十八巻「光の巻」第一帖）

右のように、本来臣民とは「**地《くに》の日月の⦿**」であると明示されている。従って、神の御用に携わる「因縁の身魂」たちに「柱」という単位を用いても不自然ではない。

と言うよりはむしろ、神御自身が臣民を「神」と認めていることのほうが重要な意味を持つだろう。

これに関連して、日本には古くから「人柱《ひとばしら》」というものがある。

これは「ある目的のため犠牲になって死んだ人」のことで、昔は城、橋、堤防などの難工事の際、その完成を祈願するため、神への生贄《いけにえ》として生きた人間を水中に沈めたりまたは土中に埋めたりしていたのであり、ここには「柱」という文字を当てることによって、人間が神になる意義が込められている。

確かに「生贄」という言葉自体には残酷な響きがあるが、昔の人は、人は死ねば神になると考えていたのである。

さて右の神業の結果最終的に何が起こるのかと言うと、「**天地がうなるぞ、上下引っくり返るぞ**」とあるから、全ての神業が終わって時節が来たならば、富士山の噴火を皮切りにいよいよ「立替えの大峠」に突入するということであろう。

また「**悪の仕組に皆の臣民だまされているが、もうすぐ目さめる**」とあるから、「体主霊従《われよし》」に落ちている臣民の覚醒が促《うなが》され、本来の「霊主体従」に戻るということでもある。

「大峠」の様相は、この帖だけでは全貌《ぜんぼう》を窺い知ることはできないが、私自身の仮説を先取りしてその結論だけ言うと、それは地球自体の「ポールシフト（＝極移動による南北逆転）」によって引き起こされる超天変地異の可能性が最も高いと考えている（詳細については『ときあかし版』大峠の章参照）。

「**秋立ちたら淋しくなるぞ**」とは何とも不思議な言い回しだが、これはどういう意味だろうか。

ここで言う「秋が立つ（＝立秋）」とは、おそらく第八帖の「**秋が立ちたらこの道開く方出て来る……**」に関連しているはずである。

だとすれば、「秋が立って淋しくなる」とは、昭和二十年八月、広島、長崎に原爆が投下され、ソ連（当時）までが参戦して日本がズタズタにされ、無惨な敗戦・降伏となることを指すのではないだろうか。

日本の敗戦自体は「神仕組」ではあるが、神にとっても神の臣民（＝日本人）に自己犠牲を強《し》いることは情《じょう》において忍びなかったであろうし、現実に戦争に負けてしまった当事者としての臣民が淋しくなかったはずはない。

だからこそ「**淋しくなりたら訪ねてござれ、我《が》を張っていると、いつまでもわからずに苦しむばかりぞ**」とあるのだろう。

いくら「我」を張っていても、日本が負けたことの意味などわかるはずがないから、そのときは「**神を訪ねてござれ**（＝神に聞け、神示を読め）」と諭《さと》しているのである。

さてその「神示」であるが、ここに重要なことが書いてある。

「**この神示も身魂により、どんなにでも取れるように書いておくから、取り違いせんようにしてくれ**」という部分である。

これは神示の読み方に関係するが、これ以外によく取り沙汰《ざた》されるのは「**この神示八通りに読め**

るのぢゃ」（第二十三巻「海の巻」第十五帖）とある箇所である。

この二つの神示を上辺《うわべ》だけで解釈すると、「神示の解釈は複数（八通り）ある」となって、どんなに突拍子もない解釈でもまかり通ることになってしまう。

私は個人的に、これを「日月神示の魔法」と呼んでいるが、神示研究者の中にもこの魔法にかかって我田引水《がでんいんすい》、トンデモ解釈をして憚《はばか》らない人がいるようである。

だが解釈が複数（八通り）あるということは、神示を「預言」と見て、「同じ事二度ある」のように、一つの預言に二つ（或いは三つ）の意味を込めた「両義預言（或いは三義預言）」の場合は成立するが、「てんし様」など特定の人物（神）の場合は、その人物が複数（八種類）存在することではない。

こんなことは、少し考えれば子供でもわかるはずだ。

先の「**身魂により、どんなにでも取れる**」とは、どんな解釈も成り立つということではなく、身魂磨きの進展に応じ、理解の広さ・深さが異なるという意味である。

だからこそ神は、「**取り違いせんようにしてくれ**」と仰《おっしゃ》っているのである。

また「**八通りに読める**」とは、あるテーマを説明するピースが、神示全体に複数散らばっているという意味であって、それらを集めて総合的に検討すれば「一つの結論」に至るが、それをせずバラバラに読んだのでは、その「数だけの解釈」が生まれてしまうということである。

ここで「八通り」の「八」とは、この地上世界を「四方八方」と言うように、地上世界最大の広がりを表す「八」から来ていると思われる。

要するに、地上世界の人間が、考えられるあらゆる視点で神示を見れば答えが得られると言うことなのだ。

その視点に相当するのがテーマ毎の「ピース」である（詳細については、『奥義編』第一章及び第二章を参照されたい。非常に重要な部分である）。

第二十八帖（二十八）

世界中まるめて⦿の一つの王で治めるのぞ。それが⦿の世のやり方ぞ、百姓は百姓、鍛冶《かじ》は鍛治と、今度は永遠に定まるのぞ、身魂の因縁によりて今度はハッキリと決まって動かん⦿の世とするのぞ、茄子の種には瓜はならんぞ、茄子の蔓に瓜をならすのは悪の仕組、今の世は皆それでないか。これで世が治ったら⦿はこの世に無いものざ。⦿と悪の力較べぞ。今度は悪の王も⦿の力にはどうしても叶わんと心から申すところまで、とことんまで行くのざから、悪も改心すれば助けて、善《よ》き方にまわしてやるぞ。⦿の国を千切りして膾《なます》にする悪の仕組はわかりておる、悪の神も元の⦿の神の仕組を九分九厘までは知っていて、天地引っくり返る大戦《おおたたかい》となるのざ。残る一厘は誰も知らぬ所に仕かけてあるが、この仕組、心で取りてくれよ、⦿も大切ざが、この世では臣民も大切ぞ。臣民この世の神ぞ、と言うて鼻高になると、ポキン折れるぞ。

（昭和十九年七月の一日、ひつ九のか三）

【解説】

冒頭の「**世界中まるめて⦿の一つの王で治めるのぞ。それが⦿の世のやり方ぞ**」とは、「ミロクの世」の統治形態を述べている。

「**⦿の一つの王**」とは「（神である）てんし様（＝スメラミコト）」を指しており、「てんし様」が統治されるのが「**⦿の世のやり方**」なのである。ここまではスンナリと理解できる。

ところが、である。次に臣民にとっては実に奇妙なことが書かれている。

「ミロクの世」になれば、「**百姓は百姓、鍛冶《かじ》は鍛冶と、今度は永遠に定まる**」とあるが、読者はこれを読まれて「エッ？」と思わないだろうか？

何故ならそこには、「職業選択の自由」がないように見えるからである。取り方によっては、まるでお上《かみ》から強制的に仕事を押し付けられているように感じても不思議ではない。

しかし、ミロクの世でそんなバカなことがあるはずがないのもまた確かである。

実はこの矛盾を解くことが、ミロクの世の統治システムを理解する最大のポイントなのだ。私なりに考えるところでは、それは「人体」に例えればわかりやすいのではないかと思う。

人体には約六十兆もの細胞があると言われているが、それらの細胞の中で「不要な細胞、役立たずの細胞」は一つもないはずである。

たとえ髪の毛一本、爪の先、或いは足の裏など、どこのどんな細胞一つを取ってもそこには無駄なもの不要なものは一つもない。

しかもそれぞれが固有の役割とはたらきを持ち、それでいて他の細胞と争うこともなく、相互に協力・協調して身体《からだ》全体のために奉仕しているのである。

このことは自然にご理解いただけるであろう。

では、この一個一個の細胞を「ミロクの世」の臣民一人一人と置き換えてみていただきたい。臣民一人一人がその者しか担うことのできない役割と使命を持ち、臣民相互に争うことがなく、お互いに協力・協調して全体（＝ミロクの世）のために奉仕するとしたら、それがどんなに素晴らしい理想世界であるか、少しは想像できるのではないだろうか。

つまり「ミロクの世」の統治とは、人体組織の「細胞」のはたらきとほとんど同じシステムだと言えるだろう。人間の智や学では逆立ちしても創り得ない究極の仕組である。

そしてこれは、広く宇宙についても全く同じことが言えるはずだ。「人体は小宇宙」と言われるのもここから来ていると考えられる。

ミロクの世になれば、間違いなく右のような世界になるだろう。百歩譲っても、これに近い世界になるのは確実である。

だからこそ**「百姓は百姓、鍛治《かじ》は鍛治」**なのであって、**「身魂の因縁によりて今度はハッキリと**

決まって動かん⦿の世」と示されているのである。

ここが理解できれば、これに続く「**茄子の蔓に瓜をならすのは悪の仕組**」、「**今の世は皆それでないか**」とある部分もスンナリと納得されよう。

「**茄子の蔓に瓜をならす**」を例えて言えば、足裏の細胞が「俺は足裏なんかイヤだ。それより脳の細胞になりたい」と言って反乱を起こすようなものであって、これが今の地上世界の映《うつ》し絵である。

こんなメチャクチャな世界から理想的な「ミロクの世」になるのであるから、その途中段階では間違いなく「**⦿と悪の力較べ**」になるのは避けられない。

それが「**立替え**」でありそのクライマックスが「**大峠**」と呼ばれるものである。

その結果は、「**今度は悪の王も⦿の力にはどうしても叶わんと心から申すところまで、とことんまで行く**」とあるから、間違いなく⦿の勝利となるのであるが、ここで誤解してならないのは、悪の王と悪神が排除されて正神・善神だけの世になるという二者択一の二元論ではないということだ。

拙著『三部作』をお読みになった読者には説明の必要もないだろうが、日月神示が教える善悪とは、世の元の大神様（＝創造神、根元神）の「はたらき」であって、そこには「絶対善」も「絶対悪」も存在しない。

「はたらき」としてのみ存在するのであるから、それを「**善の御用**」、「**悪の御用**」と言うのである。

善と悪が争うように見えるのは、そこから「善悪共に抱き参らせて」より高次の理想世界へ到達させる「仕組」であるからだ。これを仕組んだのが「世の元の大神様」である。

このことは「大枠の理解」として重要である。是非頭に入れておいていただきたい（善と悪の御用については、『ときあかし版』ミロクの章及び『秘義編』第二章　真我《しんが》と自我《じが》に詳述している）。

ただ右の善悪の戦いにおいては、「**⦿の国を千切りして膾《なます》にする悪の仕組**」とあるように、現象的には、神国日本が悪神によって徹底的にやられることを覚悟しなければならない。

しかも「**天地引っくり返る大戦《おおたたかい》となる**」とあるから、おそらく我々の想像を超えたとんでもない戦《いくさ》になるようである。

何故日本だけがこんな目に遭《あ》うのかと言えば、それは日本が「神国」であり、神国であるが故に世界の岩戸開き、メグリ取りの責任を有するからである。

「基本十二巻」の最後「夜明けの巻」には、日本が原爆を落とされた日に「**岩戸開きのはじめの幕が開いた**」と示され、また昭和天皇のご聖断により日本の降伏・敗戦が決定した日に、「**あら楽し、すがすがし……待ちに待ちにし岩戸開けたり**」と、一見大矛盾・大逆説に満ちた神示が降ろされているが、これは日本が神国であることから生ずる宿命なのである。

よって「大峠」においては、更に大きな試練が日本を襲うことになるだろう。

日本が神国であるという意味は、このように必ず「（現象的には）自己犠牲」を伴うということであるから、肝に銘じていただきたい。

カッコよく日本と日本人が「世界の指導者、リーダー」になるなどという甘い夢を見たのでは、いずれ間違いなく潰されるのがオチである。

そんなものは結局「我《わ》れ善《よ》し＝体主霊従」に過ぎない。


そしてこの帖の後半には、「**残る一厘は誰も知らぬ所に仕かけてある**」という一節がある。ここに日月神示ファンの最も関心が高い「**一厘の仕組**」が登場している。

思えばどれだけ多くの人たちが「一厘の仕組」に魅せられて、その謎を解こうとしてきただろうか。先に「日月神示の魔法」について述べたが、解読に挑戦した人の多くがこの魔法にかかって、それこそ何でもありの発散的な解釈がなされてきたように思う。

「一厘の仕組」とは確かに究極の仕組には違いないから、それ故にとんでもなく現実離れしたまるでSF映画のような「超科学」、「超エネルギー」、「(フォトンベルトやアセンションなどによる)人類超進化」、「(高次元からの)救世主の降臨」、「宇宙人による救済」などに夢を馳《は》せる人もいる。

また「言霊神法《げんれいしんぽう》」と称して、時節が到来したときに日本語の七十五声を発することにより、世界がグレンと変わると唱える「言霊派《ことたまは》」の人たちもいる。

だが私の解釈はそれらとは全く異なる。

神示をよく読めば、大きなヒントが含まれていることに気づかれるはずだ。

それは「**悪の神も元の☉の神の仕組を九分九厘までは知っている**」という部分である。

どういうことかと言えば、悪神が神仕組のほとんど全て（＝九分九厘）を知っているという裏には、「**悪神が絶対に知り得ない（＝知ることが不可能な）何かがある**」ということで、神はその「何か」を「一厘」と呼び、一厘が発動することを「一厘の仕組」と仰《おっしゃ》っているということだ。

よってこの解読は、「**悪神が絶対に知り得ない（＝知ることが不可能な）何か**」を明らかにすればよいのである。

そしてそれは、「**この仕組、心で取りてくれよ**」とあるように、「**物質的なものではない何か**」が暗示されているのだ。これも大きなヒントである。

ただ「一厘の仕組」に関しては、本帖の記述内容による限りこれ以上の解釈はできない。巻が進めば関連するピースが出てくるので、そのときに再度説明することにしたい（まとまった解説は、『奥義編』第四章　スメラとユダヤで詳しく記述している）。

本帖の最後にはもう一つ重大なことが書かれているが、お気づきだろうか？

それは、「**臣民この世の神ぞ**」と示されている部分である。これは神が臣民にお世辞を言っているのではなく、真実そのものである。

そして、このことが明かされたのは本帖が最初である。

臣民の御神名を「**地《くに》の日月の神**」と言うが、これについては第二十七帖の「三柱」の解説にも登場しているので神示全訳本をお持ちの方は確認していただきたい。

その名のとおり「地上世界」の神であるが、ほとんどの臣民は「我れ善し、体主霊従」に堕《お》ちているから、迂闊《うかつ》にこれを知れば有頂天になって舞い上がるのは確実である。
故に「**と言うて鼻高になると、ポキン折れるぞ**」と、ちゃんと釘を刺すことも神は忘れていない。

第二十九帖（二九）

この世が元の神の世になるということは、どんな神にもわかっておれど、どうしたら元の世になるかということわからんぞ、神にもわからんこと人にはなおわからんのに、自分が何でもするように思うているが、サッパリ取り違いぞ。やって見よれ、あちへ外れこちへ外れ、いよいよどうにもならんことになるぞ、最後のことはこの⦿でないとわからんぞ。いよいよとなりて教えてくれと申しても間に合わんぞ。

（昭和十九年七月一日、ひつくのか三）

【解説】

右の帖の主題は明快である。

「**この世が元の神の世になる**」のは神仕組として決定済みであるが、その「**最後のことはこの⦿でないとわからんぞ**」とある部分が全てを言い表している。

要するに「岩戸」が開かれ、「立替え」「立て直し」を経て「ミロクの世」に至る道筋を決める最終責任者は「**この⦿**」であると言うことの宣言なのだ。

「この⦿」とは、日月神示を降ろした神であり、本源の神格は「**国祖様**《こくそさま》**（＝国常立大神**《くにとこたちおおかみ》**）**」である。神示には「ヒツクノカミ」とか「アメノヒツクノカミ」という御神名で登場するが、それは国常立大神が神示を降ろす神格としての顕現だからである。

即《すなわ》ち国常立大神こそが此度《こたび》の「岩戸開き」の総責任者であり総指揮官、総大将なのである。

その権能を、世の元の大神様（＝創造神、根元神）から与えられているということである。

よって日月神示の文章表現が「〜ぞ、ざぞ、であるぞ」のように、断言・断定のスタイルを取っているのは当然すぎるほど当然のことなのだ。

またこのことは、日月神示が他の数多《あまた》の預（予）言とは完全に一線を画した別格の預言であり、最も正統でそれ故神威に満ちていることを証《あか》すものである。

神示研究者の中には、日月神示の預言と他の預（予）言を一緒くた（同列）に扱っている人が多いが、ハッキリ言ってそれは大きな間違いである。

余談であるが、国常立大神は多くの神格（化身）で神示の中に登場していることを指摘しておきたい。それらは具体的に「天津祝詞《あまつのりと》の神」、「三四五《みよいづ》の⦿」、「祓戸《はらえど》の⦿」、「オオカムツミノ神」、「明神《みようじん》」などであり、前述の「ヒツクノカミ、アメノヒツクノカミ」もこれと同様である。

本帖はまた、人間については手厳しいことを述べている。

この世のことは「**自分が何でもするように思うている**」けれども、「**神にもわからんこと人にはなおわからん**」のだから、「**サッパリ取り違い**」して、「**あちへ外れこちへ外れ、いよいよどうにもならん**」ことになってしまうとあるのがそれで、神が人間を厳しく戒《いまし》めていることがよくわかる部分である。

そして最後の最後、どうにもならなくなって「(神に)**教えてくれと申しても間に合わない**」と突き放しているのだが、ではどうしたら神仕組がわかるようになるのか?

読者はその答えを既にご存じのはずである。

そう、「身魂磨き」と「神祀り」――。これしかない。

第三十帖(三〇)

富士を開いたらまだ開くところあるのざ、鳴戸《なると》へ行くことあるのざから、このこと役員だけ心得ておいてくれよ。

(昭和十九年七月の一の日、ひつくか三)

【解説】

本帖は、岡本天明たちに対する「神業《しんぎょう》」の指示である。

よって、後世の我々が読んでもさっぱり意味がわからないのは当たり前で、これを多少なりとも理解するには、天明たちの神業の実態を明らかにした資料によるしかない。

現在その最良の資料は、既述の『岡本天明伝』であり、一般向けに刊行されている書籍でこれ以上のものを私は知らない。

その『岡本天明伝』に従って右を説明すれば、冒頭の「**富士を開いたら**」とは、第四帖解説で述べたように、天明たちが鳩森八幡神社「富士塚」の「浅間神社」で「木ノ花咲耶姫」を祀ったことであろうし、「**まだ開くところある**」とは、この後奉仕した「**榛名山神業**（七月十〜十一日）」を指すと考えられる。

「榛名山神業」については、第二十一帖の解説でも触れているので参照されたい。

更に「**鳴戸《なると》へ行くことある**」とは、右に引き続く「**鳴門神業**」のことであって、それを予告しているのである（鳴戸は鳴門《なると》と同義）。

注目すべきは、「**このこと役員だけ心得ておいてくれよ**」と「他言無用」の念押しをしていることで、これは要するに、神が命じる神業とは「因縁の身魂」だけが行う（行える）ものであって、他の誰でもよいというものではないのである。

他人に知らせる意味はないし、知らせてもおそらくは邪魔になるだけであろう。

天明たちが神業に関する記録をほとんど残していないのも、こうした事情が裏にあったからだと考えられる。

『岡本天明伝』の著者・黒川柚月氏は、天明たちの「神業」に関する取材は困難を極めたと述懐されているが、その裏には右のように「記録が残っていない」という事情があったのである。大変な苦労をされて、もっぱら生存者を頼っての聞き取りによって取材をされたのである。

一点補足しておきたいのは、日月神示には「〇〇の**仕組**」、「〇〇の**御用**」、「〇〇**神業**」という表現が頻出することだ。

このように「仕組」、「御用」、「神業」という三つの表現があるので、それぞれ全く別々の意味を有すると思い込んでしまうと、神意から離れてわけがわからなくなってしまうので十分注意していただきたい。

「仕組」とは神の計画そのものであり、「御用」とはそれを実行に移すこと、また「神業」とは神が天明たちに命じた務めとしてのニュアンスで使われている。

本質はいずれも同じことであって、これもまた「**八通りに読める**」例である。

第三十一帖（三一）

今度の御用は結構な御用ぞ、いくら金積んでも、因縁ない臣民にはさせんぞ。今に御用させてくれと金持って来るが、いちいち⦿に聞いて始末せよ。汚れた金御用にならんから、一厘も受け取ることならんぞ。汚れた金邪魔になるから、マコトのもの集めるから、何も心配するなよ。心

配気の毒ぞよ。何も ⦿ がするから欲出すなよ、あと暫《しばら》くぞよ、日々にわかりて来るから、素直な臣民、嬉し嬉しで暮さすから。

（昭和十九年七月一日）

【解説】

直前の第三十帖で、神業とは「因縁の身魂」だけが行えるものだと解説したが、本帖では、「**いくら金積んでも、因縁ない臣民にはさせんぞ**」と、ほとんど同じ趣旨のことが述べられていることに注意していただきたい。

「**汚れた金御用にならん**」とはかなり強烈な指摘であるが、これは「神の御用」と「金」の関係を考える上で重要な示唆《しさ》を与えてくれるものだ。

私事で恐縮だが、日月神示研究の第一人者・中矢伸一氏から次のような話を聞いたことがある。

ある会社の社長が日月神示を知り、その内容の素晴らしさに感動したそうです。それで、「よし、自分も何か役に立ちたい」と思い立ち、日月神示を元にちゃんと神棚も祀り、神示も毎日読んで社員にも勧めて、もっとこの事業を拡大しつつ、日月神示の内容を実践していく、と決意し実行しました。

そうしたら、それまで極めて順調で右肩上がりだった会社の業績がガタ落ちとなり、会社が潰れてしまったのです。こういう例は一つや二つではありません——。

この中矢氏の話に、真の信仰とカネの関係が凝縮されていることがおわかりだろう。右の社長の決意と実行は立派だし、素晴らしいと誰もが感じられるはずだ。それなのに何故「会社が潰れた」のであろうか？

その答えは「目的」と「手段」の取り違えである。

この社長は、「日月神示の教えを会社経営に取り入れれば、業績は更によくなるはずだ。そうすれば日月神示をもっと広めることができる」と考えたのであろう。

つまり「目的＝業績向上＝金儲《かねもう》け」であり、その「手段＝日月神示」という図式になる。

しかもこの「取り違え」は全く無自覚であるから始末に負えないのである。これこそが「我れ善し、体主霊従」に陥っていることの証《あかし》でもある。

この社長の後日談は聞いてないが、会社が潰れた後、一時は「なんでこんなことに」と悲嘆にくれ、どん底に沈んだことだろう。日月神示の神を恨んだかもしれない。

その後よくよく日月神示を読み直し自分を振り返って反省し、何が間違っていたかに気づいて立ち上がれば、今度は「目的」と「手段」を取り違えることはないはずである。

是非そうなっていただきたい。

この例でおわかりのように、「金儲けが目的」で寄ってくる輩《やから》は「**いくら金積んでも、因縁のない臣民**」なのである。

まことにもって「**汚れた金御用にならんから、一厘も受け取ることならん**」とあるとおりだ。

しかし世の中の日月神示信奉者や日月神示ファンにも、この社長のような人物は多いのではないだろうか。

我々は、絶対に日月神示を「ご利益《りやく》のためのツール」にしてはならないのである。

第三十二帖（三二）

世の元からヒツグとミツグとあるぞ、ヒツグは⦿の系統ぞ、ミツグは〇の系統ぞ。ヒツグはマコトの神の臣民ぞ、ミツグは外国の民ぞ。⦿と〇と結びて一二三《ひふみ》となるのざから、外国人も神の子ざから、外国人も助けなならんと申してあろがな。一二三唱えて岩戸開くぞ。神から見た世界の民と、人の見た世界の人とは、さっぱりアベコベであるから、間違わんようにしてくれよ。ひみつの仕組とは一二三の仕組ざ、早う一二三唱えてくれよ、一二三唱えると岩戸開くぞ。

（昭和十九年七月の二の日、ひつくのか三）

【解説】

本帖で初めて登場するのが「**ヒツグ**」と「**ミツグ**」であり、右の文章だけではよくわからないものの、「**ヒツグは⦿の系統**」また「**ミツグは〇の系統**」とあるから、極めて重大な内容を示していることは見当がつくであろう。

実際、これには「神仕組」の根幹に関わるほど重大な意味が含まれているのだが、如何《いかん》せんこの帖のみではそこまで掘り下げるのは不可能であって、これ以外に多くのピースを集めて総合的に考察しなければ深い理解には辿り着けない。

その詳細については、拙著『奥義編』第四章　スメラとユダヤで述べているので、興味のある方は是非参照していただきたいが、ここでは今後の解説をわかりやすくするために結論だけを述べておきたい。

◉ヒツグ（の民）＝スメラの民＝日の霊人＝ゝの系統＝真《まこと》の日本人
◉ミツグ（の民）＝ユダヤの民＝月の霊人＝〇の系統＝外国人

右のとおり、「**ヒツグの民**」とは「真の日本人（スメラの民）」のことであり、究極のところは「**日の霊人**」が受肉して下生《げしょう》した身魂《みたま》である。

また、「**ミツグの民**」とは「ユダヤの民、外国人」のことであって、「**月の霊人**」が受肉して下生した身魂である。

「日の霊人」、「月の霊人」の説明は「基本十二巻」の中には登場しないので、右の拙著『奥義編』または日月神示第十七巻「地震の巻」第一帖をご覧いただきたい。

次に「**ヒツグはマコトの神の臣民ぞ、ミツグは外国の民ぞ**」とある部分をよく見ていただくと、重大な表現の違いがあることに気がつかれないだろうか。

「**神の臣民**」と「**外国の民**」という箇所である。

ここにはっきりと、「臣民」と「民」の使い分けがしてあることに注意していただきたい。

これまで「臣民」という言葉は何度も出てきたが、この真意は「マコトの神の臣民」であることが明示されている。臣民とは中心に必ず「君主」がいて、その君主とは神である「てんし様（＝スメラミコト、真正天皇）」だから、結局、「**てんし様の臣民**」ということになるのである。

私が「てんし様」の臣民を「真の日本人」と呼ぶ理由もここにある。

一方の「民」とは「外国の民」である。

外国の民も広い意味では勿論「神の子」であるが、「臣民（＝真の日本人）」とは異なるグループに属するものである。このことは大事であるからしっかり押さえておいていただきたい。

なお「外国の民」と言っても、必ずしも日本国籍以外の者を指すのではないことに注意してほしい。そこには心霊的解釈が必要であり、神示では「日の霊人」以外の「月の霊人」に属する身魂を「外国の民」と呼んでいる。

故にこの地上界では、日本国の中に外国人がいるし、外国にも（真の）日本人がいるのである。

次に「**◉と〇と結びて一二三《ひふみ》となる**」という部分であるが、これもまた極めて重要な神仕組であり、私はこれが「一厘の仕組」に関わることだと考えている。

「**一二三《ひふみ》となる**」とは、神示第二巻「下つ巻」第十四帖に「**一二三《ひふみ》の仕組とは、永遠《とわ》に動かぬ道のことぞ**」とあるから、「**◉（ヒツグ）と〇（ミツグ）が結んで、永遠のミロクの世に至る道**」のことと解されるからである。

同じことは、神示後半に「**ひみつの仕組とは一二三の仕組ざ**」とあることからもわかる。つまり、日月神示が降ろされた目的と重なるのである。

では、「**一二三唱えて岩戸開くぞ**」とはどういう意味であろうか。

ここで言う「一二三唱える」をバカ正直に取って「一二三、一二三、一二三、……」と号令や経文《きょうもん》のように唱えればそれで岩戸が開くと思う人はまさかいないだろうし、いてほしくもない。

「一二三唱える」とは間違いなく「**一二三祝詞《ひふみのりと》を唱える**」ことであって、それ以外には考えられない。

しかしそれだけで本当に「岩戸が開く」のであろうか。「一二三祝詞」にはそのような途方もない神力があるのだろうか？　疑問に思う読者もおられるだろう。

実際そんなにうまい話があるわけがない。

「一二三祝詞」を唱えるだけで岩戸が開くのならこんなに簡単なことはなく、なにも「身魂磨き」

だの「神祀り」だのと面倒なことをする必要は何もないからだ。

よってこれだけでは何かがおかしいし、不自然だと感じられるはずだ。

即ち、ここにも何か神が仕組んだ逆説がある。

そして逆説のあるところには必ず「密意《みつい》あり」なのだ。是非解かなければならない。

私はこれを、**「臣民が身魂磨きに真剣に取り組みつつ、並行して一二三祝詞を唱えることによって、身魂磨きが促進され、その者の岩戸開きが早期にやってくる**」と解釈している。

このように解釈すれば、先の疑問は解消する。

何よりも、「身魂磨き」と「神祀り」は車の両輪であると説明してきたが、「一二三祝詞を唱える」ことは神に心を向け神に繋がろうとすることであり、つまり広い意味で「神を祀る（＝神人一体）」ことと同義なのである。

勿論「一二三祝詞」自体は最も重要な「言霊」であることは言うまでもない。一二三祝詞の言霊とは、四十七文字（「ん」を入れれば「いろは四十八文字」）の日本語の一語一語が、世の元の大神様の「創造のはたらき」を表すと考えればよいだろう。

一点注意しておきたいのは、ここで言う「岩戸開き」とは「個人の（＝その者の）岩戸開き」だということである。

これを大きくとって、日本や世界の岩戸開きだと考えるのは百年早いと言えよう。自分の岩戸も開いていないのに、その者が国や世界の岩戸を開くことなどできるわけがないのは子供でもわかるというものだ。

これが私流の「一二三唱えて岩戸開くぞ」の解釈である。

最後に、**「神から見た世界の民と、人の見た世界の人とは、さっぱりアベコベであるから、間違わんようにしてくれよ」**について解釈すると、これは先の「**マコトの神の臣民**」と「**外国の民**」に対応するものであろう。

「**人の見た世界の人**」とは、「(日本人から見て)外国人(=欧米人、白人)は日本人より相対的に優れている」という意味であると考えられる。

江戸時代末期から明治維新を通して、日本はずっと欧米の文化や科学技術、思想などを取り入れ、それを模倣《もほう》し模範としているし、大東亜戦争で敗れてから今日までは、よく言われる「自虐史《じぎゃくし》観《かん》」に陥って自信を喪失してしまったからである。

だが、「神から見た世界の民」とは「外国人」に過ぎないのであって、中心に位置するのは「真の日本人」つまり「てんし様」とその「臣民」なのである。

第三十三帖(三三)

⦿の用意は済んでいるのざから、民の用意早うしてくれよ、用意して早う祀りてくれよ。富士は晴れたり日本晴れと申すこと、だんだんわかりて来るぞ。神の名のついた石があるぞ、その石、役員に分けてそれぞれに守護の⦿つけるぞ、⦿の石はお山にあるから、お山開いてくれよ。ヒツグの民、ミツグの民、早う用意してくれよ、神急《せ》けるぞ。

（昭和十九年七月二日、ひつくのか三）

【解説】

本帖は、これが岡本天明たちの奉仕した「**榛名山神業**《はるなさんしんぎょう》」のことを指していると気がつかなければ解読不能である。これもまた「天明たち」に宛てた神示なのである。

まず、「**⦿の石はお山にあるから、お山開いてくれよ**」の「お山」とは「榛名山」である。「榛名山神業」は七月十～十一日にかけて行われているが、右の神示が降りたのは七月二日で、神業の八日前である。

そこに行けば「**⦿の石**」、「**神の名のついた石**」があると言うが、『岡本天明伝』によれば実際にそのような石が見つかったという記述がある。

この石の目的は、「**守護の⦿つける**」証《あかし》として役員（＝天明と同志たち）に分けるものだというが、思うにこれは神が天明たちに示した神業の「物的証拠」でもあるだろう。

第五帖の解説で、鳩森八幡《はとのもりはちまん》神社境内の「富士塚」から神示どおり「⦿の米（＝御土米《おつちこめ》）」が出てきたことを紹介したが、右はこれと類似していて、何もわからないまま神業に励む天明たちに対する神からの証であり励ましであると考えられる。

さて右の「神業」の目的について考察すると、まず「(神を祀れば) **富士は晴れたり日本晴れと申すこと、だんだんわかりて来るぞ**」とあるから、神仕組の根幹に関わる重要な神業であることが窺われる。

しかもこれについては、「**⦿の用意は済んでいるのざから、民の用意早うしてくれよ**」とあるとおり、神界では既に用意が終わっていて、残っているのは地上界の臣民の用意だけであるという意味合いを含んでいる。

即ち天明たちが奉仕した神業とは、単にこの地上界だけで完結すればよいというものではなく、必ず「神（幽）界→地上界」という順序が定まっていることを同時に教えているのである。

そして最後の「**ヒツグの民、ミツグの民、早う用意してくれよ**」の部分が、先の「**民の用意**」に対応している。

「ヒツグ」、「ミツグ」については前帖でも説明したとおり、両者の結び（＝統合）が「一厘の仕組」に関わる最重要な神仕組であるが、両者はいずれもこの地上界に存在しているのだから、その用意を早くするよう促しているのであろう。

最後に「**神急《せ》けるぞ**」とあるのは文字どおり神も急いでいるということであるが、これは狭い意味では「榛名山神業」の完成を急いでいると解釈できるし、もっと広い意味で言えば、これに続く多くの神業（＝江戸の仕組、鳴門の仕組、甲斐《かい》の仕組など）を急いでいるとも採《と》れる。

おそらく両方の意味を含んでいると思われる。

その背景にあるのは「大東亜戦争」であって、神が仕組んだ神業は戦争が終わるまでに天明たちを使って全て成就しなければならなかったという事情がある。

神が何もかも神自身のペースで勝手に行う仕組なら、何も「**神急《せ》けるぞ**」などと言う必要はない。地上界の大戦争の真っ最中に、その地上界の「因縁の身魂」を使って成し遂げなければならない仕組であるからこそ発せられたひと言なのである。

第三十四帖（三四）

何事も天地に二度とないことで、やり損《そこな》いしてならん。ただよえる地《くに》の固めの終わりの仕上げであるから、これが一番大切の役であるから、しくじられんから、⊙がくどう申しているのざ、神々さま、臣民、皆聞いてくれよ。一二三《ひふみ》の御用出来たら三四五《みよいづ》の御用にかからなならんから、早う一二三の御用してくれよ。何も心配ないから⊙の仕事をしてくれよ、神の仕事しておれば、どこにいても、いざという時には、神がつまみ上げて助けてやるから、御用第一ぞ。一日に十万の人死ぬ時来たぞ、世界中のことざから、気を大きく持ちていてくれよ。

（昭和十九年七月の三日、ひつくのか三）

【解説】

重要な神示が続いている。

本帖では、岡本天明たちが神から命じられて行う「神業」がどのような「神仕組」なのか、その一部が明かされているが、何よりもその前に「**何事も天地に二度とないことで、やり損《そこな》いしてならん**」、また「**ただよえる地《くに》の固めの終わりの仕上げであるから、これが一番大切の役であるから、しくじられん**」とあって、今度の仕組と神業は決して失敗が許されないものであることを、神自らが宣言していることの重大さを感じていただきたい。

ここで「**ただよえる地《くに》**」とあるのは明らかに比喩《ひゆ》で、「ミロクの世」に至る前の未完成の地上世界のことを指していると思われる。

そしてその神（＝国常立大神）が、「**神々さま、臣民、皆聞いてくれよ**」と前置きして説明しているのが、「**一二三《ひふみ》の御用**」と「**三四五《みよいづ》の御用**」という二つの重要な御用である。

読者の多くは既にご存じだと思うが、この二つの仕組の他にもう一つ「**五六七《みろく》の御用（仕組）**」というものがあって、合わせて三つの御用になるが、本帖ではそのうちの二つが登場している。

ここでは、「**一二三《ひふみ》の御用出来たら三四五《みよいづ》の御用にかかからなならんから、早う一二三の御用して**

くれよ」とあるとおり、神の御用には厳密な順序があって、最初の御用が終わらない限り次の御用には進めないことがわかる。

しかも「一二三」と「三四五」では「三」が重複しているから、両者は連続した御用であって、しかも、一二三の終わり（＝三）が同時に三四五の始まり（＝三）であると推測されるのである。

なお本帖では、「一二三の御用」と「三四五の御用」がどんな御用なのかその意義までは書かれていないので、それ以上具体的なことはわからないが、前述のとおり絶対に失敗できない「**天地に二度とないこと**」だという点は肝《きも》に銘じておくべきである。

またここでは「一二三の御用」という表現を使っているが、神示の他の巻では「一二三の仕組」とも述べていて表現上の違いがある。

これについては、第三十帖の解説で「仕組」、「御用」、「神業」について述べているので、そちらを参照していただきたいが、本質的には同じモノである（「一二三、三四五、五六七の仕組」については、『ときあかし版』てんし様の章で詳述している）。

そして次に更に悩ましい文章が出てくる。

「**神の仕事しておれば、どこにいても、いざという時には、神がつまみ上げて助けてやる**」という箇所であるが、これを文字どおり取ると、臣民が危機に瀕《ひん》したときは、宇宙船みたいな神の乗り物が登場して牽引《けんいん》ビームのようなものを発射し、その臣民を救い上げてくれるようなニュアンスがある。

果たして真実はどうであろうか？

もとより「神の仕事」をしているということは、臣民が「神人一体」となっているわけだから、無用な危機には遭わないように導かれるであろうし、万一危機に直面したときでも、神力がはたらいてそれを避けることができるはずである。

しかもそれは、臣民にとっては完全に「無意識、無自覚」のうちに自然になされるはずだから、映画のように「宇宙船」が登場するようなものではないはずである。

ただ誰も助からないような状況下でたった一人助かるとか、或いは危険を未然に避けられたとすれば、それはまさに奇跡というに相応《ふさわ》しい。

即ち神力が作用しなければ到底起こり得ないことが臣民に起こったとすれば、それを「神がつまみ上げる」と比喩的に表現しても何もおかしくはないであろう。

最後の「**一日に十万の人死ぬ時来たぞ**」とあるのは、第二十五帖で説明したとおりであるが、それが何を指しているのか具体的なことはわからない。

ただ本帖では「死ぬ時来たぞ」と断言しているので、そのような大事《おおごと》が地上界でもすぐに起こるのかと思ってしまうが、実際にはそのような事態には至っていない。

これはどういうことかと言えば、おそらく「死ぬ時来たぞ」とは「神界（または幽界）」の現象であって、地上界に移写《いしゃ》するまでにはまだ時間がかかるということではないだろうか。

第三十三帖で述べたように、「**⦿の用意は済んでいる**」に対応することであると考えれば矛盾はない。

それが地上界に現出するのは、「立替えの大峠」に至ったときではないだろうか。

第三十五帖（三五）

死んで生きる人と、生きながら死んだ人と出来るぞ。⦿のまにまに⦿の御用してくれよ、殺さなならん臣民、どこまで逃げても殺さなならんし、生かす臣民、どこにいても生かさなならんぞ。まだまだ悪魔はえらい仕組しているぞ、⦿の国千切りと申してあるが、喩《たと》えではないぞ、いよいよとなりたら⦿が神力出して、上下引っくり返して⦿の世に致すぞ、永久《とわ》の⦿代《かみよ》に致すぞ。細かく説いてやりたいなれど、細かく説かねばわからんようでは神国の民とは言われんぞ。外国人には細かく説かねばわからんが、⦿の臣民には説かいでもわかる御魂授けてあるぞ、それで身魂磨いてくれと申してあるのぞ。それとも外国人並みにして欲しいのか、曇りたと申してもあまりぞ。何も心配いらんから、お山開いてくれよ。江戸が火となるぞ、⦿急《せ》けるぞ。

（昭和十九年七月の七日、ひつくのか三）

【解説】

本帖は全体として「立替えの大峠」の状況を述べている。

まず、「**死んで生きる人**」と「**生きながら死んだ人**」ができるとは、神示特有の逆説的表現であり、当然密意が含まれているが、その答えはすぐ後に「**殺さなならん臣民、どこまで逃げても殺さなならんし、生かす臣民、どこにいても生かさなならんぞ**」という表現で出てきている。

◉「**死んで生きる人**」＝「**どこにいても生かす臣民**」→「**身魂の磨けた臣民**」
◉「**生きながら死んだ人**」＝「**どこに逃げても殺さなならん臣民**」→「**身魂の磨かれていない臣民**」

右のように整理できることがおわかりだろう。

端的には、「ミロクの世」に入れる「合格者」と「脱落者」とも言えるが、それは全て「自己責任」の結果としてである。

「**どこに逃げても殺さなならん臣民**」などというと、神が追いかけてきて殺すような物騒《ぶっそう》なイメージを持つかもしれないが、勿論そういうことではない。

今度の岩戸開きは「**この世始まって二度とない**」ものであると神が宣言（第一帖）しているのだから、臣民が「身魂磨き」をさぼってどんなに逃げようとしても、生き残ることは絶対にできない元からの仕組なのである。

それを承知で逃げ回り、挙句《あげく》の果てに死んだとしても、それはやはり「自己責任」である。

注意してほしいのは、全ての臣民が例外なく右のように「二つに分けられる」ということであって、その中間がないということだ。

つまり今回の岩戸開きが「打ち止め」であって、その後やり直しのチャンスはもうない。

だからこそ厳しいのである。

「**⦿の国千切りと申してあるが、喩《たと》えではない**」とあるのも「大峠」の様相である。

神の国とは勿論日本のことであるから、日本は「千切り」という表現が相応しいほどメチャクチャ・ボロボロにされると解する以外にない。

そうなって初めて、「**いよいよとなりたら⦿が神力出して、上下引っくり返して⦿の世に致す**」のであるが、神が神力出すなら日本が酷《ひど》い目に遭《あ》う前に出せばよいのではないかなどと思わないでいただきたい。

個人に「メグリ取り」があるように、国にも世界にも「メグリ取り」が必要なのである。そして日本には世界のメグリを取る責任と役割がある。それ故《ゆえ》に「神国」なのである。

神が「**細かく説かねばわからんようでは神国の民とは言われんぞ**」と仰《おっしゃ》っているのは、右に述べたことに気づけという意味であるが、肝心の臣民はほとんどわかっていないのが実態であるから、「**曇りたと申してもあまりぞ**」と警鐘《けいしょう》を鳴らしているのである。

最後のほうに唐突に「**お山開いてくれよ**」と出てくるのは、これまでも述べてきた「榛名山神業《はるなさんしんぎょう》」を指している。この帖は七月七日に降ろされているが、榛名山神業はこの三日後に行われることになる。

そしてもう一つ、最後の「**江戸が火となるぞ**」も唐突に出てきているが、これは米軍のB―29による「東京大空襲」の預言と考えられる。

東京は首都であるから、当時の大東亜戦争では100回以上も烈《はげ》しい空襲を受けている。最も激烈かつ悲惨を極めたものは昭和二十年三月十日未明の大空襲で、このときだけで実に十万人以上の一般人が虐殺《ぎゃくさつ》された。

ただ日月神示には「**同じ事二度ある**」と示されているから、これに従えば次の「大峠」でも東京が「火の海」にされる可能性は否定できない。

第三十六帖（三六）

元の神代に返すというのは、喩えでないぞ。穴の中に住まなならんこと出来るぞ、生の物食うて暮らさなならんし、臣民取り違いばかりしているぞ、何もかもいったんは天地へお引き上げぞ、我《われ》の欲ばかり言っていると大変が出来るぞ。

（昭和十九年七月の九日、ひつくのか三）

【解説】

本帖は、全体の文意から見て「大峠」の様相である。

「**元の神代に返すというのは、喩えでないぞ**」とあるとおり、元の神代（＝ミロクの世）は必ず到来するのであるが、その前に来る「大峠」では「**穴の中に住んだり**」、「**生の物食うて**」暮らさなければならないというところまで人間は堕《お》ちてしまうようである。

まるで原始時代に逆行するような感じである。

これまで人類が築き上げてきた文明の利器などは、一切役に立たなくなってしまうと覚悟しなければならない。

そして最後は「**何もかもいったんは天地へお引き上げ**」とあるが、これはおそらく「全人類の死滅（＝肉体死）」を意味すると思われる。

それが済んでから、「**身魂の磨けた臣民を神が拾い上げてミロクの世の臣民とする**」という順序になるであろう。

同様のことが、第三巻「富士の巻」第十九帖にも書かれている（その項の解説参照）。

ところが肝心の臣民は「**取り違いばかりしているぞ**」とあるとおり、そんなことには全く気づかないようである。その原因は勿論、「**我《われ》の欲ばかり言っている**」からである。

第三十七帖（三七）

人の上の人、皆臭い飯食うこと出来るから、今から知らしておくから気つけてくれよ。お宮も一時は無くなるようになるから、その時は、磨けた人が神のお宮ぞ。早う身魂磨いておけよ、お宮まで外国の悪に潰されるようになるぞ。早くせねば間に合わんことぞ。（ひつくのか三）

【解説】

本帖は全体として、大東亜戦争における日本の「敗戦」と「敗戦後の状況」に関する預言と見てよい。

「**人の上の人、皆臭い飯食うこと出来る**」とは、日本の指導的立場にいた者たちが、「臭い飯を食う」、つまり捕まって収監《しゅうかん》されるということである（「臭い飯」とは、刑務所の食事の蔑称《べっしょう》）。

ここから連想されるのは、間違いなく「A級戦犯」、「BC級戦犯」として起訴され処刑された人たちである。それ故にこの帖は、「敗戦の預言」と見ることができる。

「**お宮も一時は無くなる**」については、いくつか解釈の幅がある。

目に見える現象としては、まず「戦争（爆撃）で神社や仏閣などが焼失する」ことであり、もう一つは、戦後ＧＨＱが出した「神道指令」によって「国家神道」が廃止されたことである。

どちらも「お宮が無くなる」と解釈することができる。

ただ私が考えるには、ＧＨＱの戦後政策によって日本人の心の中から「**敬神の念が消滅**」したことが「お宮が無くなる」ことの真意ではないかと思う。

「**お宮まで外国の悪に潰される**」とあるが、これがまさしくＧＨＱの戦後政策によって、日本人が自虐史観《じぎゃくしかん》を植え付けられ、本来の大和魂《やまとだましい》が骨抜きにされてしまったことを示していると思われるからである。

だからこそ「**その時は、磨けた人が神のお宮**」なのであり、「**早う身魂磨いておけよ**」と神が急《せ》かしているのだ。

ただ、「お宮が無くなる」のは「**一時**」とあるから、日本人の精神（＝大和魂）は必ず復活することが読み取れるだけでも救いがある。

第三十八帖（三八）

残る者の身も一度は死ぬことあるぞ、死んでからまた生き返るぞ、三分の一の臣民になるぞ、これからがいよいよの時ざぞ。日本の臣民同士が食い合いするぞ、かなわんと言って外国へ逃げて行く者も出来るぞ。神にシッカリと縋《すが》りておらんと何もわからんことになるから、早く神に縋《すが》りておれよ、神ほど結構なものはないぞ。神にも善い神と悪い神あるぞ。雨の日は雨、風の日は風ということわからんか、それが天地の心ぞ、天地の心を早う悟りて下されよ。嫌なら嫌で他に代わりの身魂があるから神は頼まんぞ、嫌ならやめてくれよ。無理に頼まんぞ。神のすること一つも間違いないのぞ、よく知らせを読んで下されよ。

（ひつきのか三）

【解説】

この帖の前半は「大峠」の様相（預言）である。

注目すべきは、「**三分の一の臣民になる**」という部分であり、これによる限り「身魂」が磨けてミロクの世に入れるのは、臣民全体の「三分の一（約三十％）」程度ということになる。

非常に厳しい数字であるが、勿論これは最初から「三分の一」と枠《わく》が決まっているのではなく、神の目に映る「身魂が磨ける可能性のある者の割合」という意味である

この割合が臣民の「身魂磨き」の程度によって変化するのは当然であるが、我々としては大まかな目安として押さえておけばよいだろう。

次の「**日本の臣民同士が食い合いする**」というのは、物理的に見れば「食料不足」が発生する預言であるし、そうなれば「**外国へ逃げて行く者**」も当然出てくることだろう。

またこれを霊的に見るならば、人民が神の臣民と獣に二分化されていく過程における「争い事」と捉えることもできる。この場合であっても「外国へ逃げて行く者」が必ず発生するだろう。

結局のところ「**神にシッカリと縋《すが》りておらんと何もわからんことになる**」のであるが、ここで神は「**神にも善い神と悪い神**」があると不思議な言い回しをしている。

何度も述べてきたように、「善」も「悪」も神のはたらき（御用）であるから、「善い神」とは「善い神のはたらき」であり、「悪い神」とは「悪い神のはたらき」と捉えなければ本質を見失う。

ここで「**雨の日は雨、風の日は風**」、「**それが天地の心**」とあるように、神のはたらきがいつも晴れ（＝善）ばかりではなく、雨や風（＝悪）もあるぞということを示唆しているように思われる。

つまり、善も悪も一つのもの（＝天地、元の大神）から生ずる「はたらき」なのであるが、ここで特に「**雨の日は雨、風の日は風ということわからんか**」と神が強調しているのは、この時代の「雨」と「風」が大東亜戦争（の敗戦）を暗示しているのかもしれない。

最後のほうに出てくる「**嫌なら嫌で他に代わりの身魂があるから神は頼まんぞ**」とある部分は、我々臣民にとっては特に深刻に受け止めなければならない重大事である。

自分は日本人だから大丈夫とどこかで安心したり、苦しい身魂磨きや神の御用など真《ま》っ平御免《ぴらごめん》なとという者は、到底「神の御用」に使えるわけがないから、たとえその者が「因縁の身魂」であったとしても、そのような臣民には「**代わりの身魂**」があると神が断言している。

このことの重みをよくよく肚《はら》に落とし込んでいただきたい。
「因縁の身魂」のスペアは幾らでもいるのである。

第三十九帖（三九）

地震、雷、火の雨降らして大洗濯するぞ。よほどシッカリせねば生きて行けんぞ。カミカカリが沢山出来て、わけのわからんことになるから、早くこの道を開いてくれよ。神界ではもう戦の見通しついているなれど、今はまだ臣民には申されんのぞ。改心すればわかりて来るぞ、改心第一ぞ、早く改心第一ざ。

（ひつくのか三）

【解説】

右の帖の前半も、一見して「大峠」の様相に関する預言であることがわかる。

「**地震、雷、火の雨降らして大洗濯する**」というのはそのままでも意味が採れるが、注目すべきは「**カミカカリが沢山出来て、わけのわからんことになる**」とある部分だ。

「**カミカカリ**」とは「神憑かり」であって、要するに憑依《ひょうい》現象《げんしょう》のことである。

しかも「**わけのわからんことになる**」とあるから、これは正神の神憑かりではなく明らかに「邪神、低級霊、動物霊」などの憑依を指している。

大峠が近づいてくるにつれ、世の中にはおかしな霊能者やら自称予言者などがウジャウジャ（＝沢山）出てくるのであろう。

そういう観点からは、今でも「わけのわからんカミカカリ」がウジャウジャいると思うのは、私だけではないだろう。

次に「**神界ではもう戦の見通しついている**」とあるが、ここで言う「戦」とは何のことであろうか？

「大峠」のときに起こる最後の大戦争と考えることもできるが、私は「基本十二巻」が戦時中に降ろされたことを重く見て、ここは「大東亜戦争」を指していると考えている。

つまり「**戦の見通し**」とは単なる「大東亜戦争」の結果（勝ち負け）ではなく、霊的な意味で「日本の岩戸が開けるような形で終戦を迎えられる見通し」という意味であって、具体的には「原爆」を落とされ、「ソ連の対日参戦」を経て最後は連合国に「降伏」するということである。

これは逆説も逆説、究極の大逆説と言うべきものであるが、しかしこれが神仕組なのであり、実際の歴史も神仕組のとおりになっていくのである。

ここにこそ日本が「神国」であることの意味がある。

そしてこの真意が明かされるのは、「基本十二巻」の最後、第十二巻「夜明けの巻」の最後の帖（第十四帖）である。

最後に、この短い帖に「**改心**」という言葉が三回も出てくることの重大さを改めて噛み締めていただきたい。「改心」とは勿論「身魂磨き」、「メグリ取り」と同義であるが、神はこのように、表現を変えながら臣民に改心を促し続けている。

第四十帖（四〇）

北も南も東も西も皆敵ぞ、敵の中にも味方あり、味方の中にも敵のあるのぞ。黄金《きん》の国へ皆が攻めて来るぞ。⦿の力をいよいよ現わして、どこまで強いか、⦿の力を現して見せてやるから、攻めて来て見よ、臣民の洗濯第一と言っておること忘れるなよ。

（一二のか三）

【解説】

本帖は、「日本（＝**黄金**《きん》**の国**）が世界中から攻められる」とあるので、解釈上は「大東亜戦争」または「大峠における大戦争」の両方が考えられる。

ただ帖の後半に「**⦿の力を現して見せてやる**」とあるから、これは「大峠」のことを指すと考えられる。大東亜戦争ではまだ現実に「**⦿の力**」が表には現われていないからである。

注目すべき点は、「**敵の中にも味方あり、味方の中にも敵のある**」という部分だろう。

ただここで言う「敵」と「味方」とは、「友軍」と「敵軍」というような関係ではなく、身魂レベルで見たときの「身魂の磨けた人（＝神人）」と「それ以外の者（＝獣）」のことだと解すべきである。

そのような人間が、日本と世界に混在しているということであろう。

最後に「**臣民の洗濯第一**」とまたしても「身魂磨き」が出てきているが、これは何度も言うように、「**☉の力**」を現わすには臣民の「身魂」が磨けていなければならないからである。

第四十一帖（四一）

人の知らん、行かれん所で何しているのぞ。神にはようわかっておるから、いよいよという時が来たら助けようもないから、気をつけてあるのにまだ目さめぬか。闇の後が夜明けばかりと限らんぞ。闇が続くかも知れんぞ。何もかも捨てる臣民、幸いぞ。捨てるとつかめるぞ。

（ひつきのか三）

【解説】

この帖は非常に抽象的でつかみどころがなく、意味を特定するのは困難であるが、全体の文意からして、「身魂磨き」が進んでいない（或いはやらない）臣民に対する警鐘のように思われる。

と言うのは、最後のほうに「**何もかも捨てる臣民、幸いぞ。捨てるとつかめるぞ**」とあって、その前の「**闇の後が夜明けばかりと限らんぞ。闇が続くかも知れんぞ**」がキレイに対比しているからである。

捨てる臣民は「幸い」で、そうでない者は「闇が続く」という見事な対比構造で警告しているようだ。

「**人の知らん、行かれん所で何しているのぞ**」とあるのも具体的意味は不明だが、おそらくは「身魂磨き」、「メグリ取り」という苦しい試練を避けて、手っ取り早くご利益《りやく》を得ようという魂胆《こんたん》で、そのような場所を探し回ることではないだろうか？

今流行《はや》りの言葉で言えば、「パワスポ（＝パワースポット）廻《めぐ》り」とか、怪しげな霊能者・超能力者などに頼るようなことが該当するであろうか。

そんなことばかりしていたのでは、間違いなく「闇の後に闇が続く」であろう。

第四十二帖（四二）

初めの御用はこれで済みたから、早うお山を開いてくれよ。お山開いたら、次の世の仕組書かすぞ、ひと月の間に書いてくれた神示は『上《うえ》つ巻』として後の世に残してくれよ、これからひと月の間に書かす神示は、次の世の⦿の世の仕組の神示ざから、それは『下《しも》つ巻』として後の世に残さすぞ、そのつもりで気をつけてくれよ。御苦労なれども世界の臣民の為ざから、何事も⦿の申すこと、素直に聞いて下されよ。

（昭和十九年七月の九日、ひつくのか三、かく）

【解説】

これは岡本天明たちに宛《あ》てた神示であり、後世の我々とは直接の関係はない。

まず冒頭の「**初めの御用はこれで済みたから、早うお山を開いてくれよ**」とは、最初の御用である鳩森八幡神社「富士塚」の「浅間《せんげん》神社」における「木《こ》ノ花咲耶《はなさくや》姫《ひめ》」を祀ることは済んだから、次は、「**お山**（＝**榛名山**）」に赴《おもむ》いて神業を行ってくれよということである。

次の「**お山開いたら、次の世の仕組書かすぞ**」とは、「**榛名《はるな》山《さん》神業《しんぎょう》**」が終わったら「次の巻」を降ろすという意味であり、事実「榛名山神業」が終わった翌日（＝七月十二日）から第二巻「下《しも》つ巻」が降ろされている。

また神は降ろした「巻」に御自《おんみずか》ら「名前」を付けておられるが、これは大きな特徴である。神示各巻の名称はこのように神が直接「命名」しているのであって、岡本天明たちが勝手に付けたものではない。

「**ひと月の間に書いてくれた神示**」が最初に降ろされた「上《うえ》つ巻」を指し、「**これからひと月の間**

に書かす神示」が「下《しも》つ巻（第二巻）」である（ただし、厳密なひと月＝三十日ではない）。

いずれも「**後の世に残す**」と明示されており、この神示は岡本天明たちの神業のみで完結するものではなく、後世に伝えて引き継ぐべきものだということを明確にしているのである。

《第一巻「上つ巻」了》

第二巻 下《しも》つ巻

（全三十八帖）

自 昭和十九年七月十二日
至 昭和十九年八月三日

【概説】

第二巻「下《しも》つ巻」は、第一巻「上《うえ》つ巻」第四十二帖で「次の世の仕組書かす」と述べられていたとおり、「岩戸開きに関する神仕組」とこれに関連する岡本天明たちの「神業《しんぎょう》」に関するものが多い。

「お山開いてくれよ」の第一号となった「榛名山神業《はるなさんしんぎょう》」については、その「状況証拠」や「意義」を含めかなり具体的な記述が見られるが、これは当時の岡本天明たちの活動の足跡がわからなければ到底理解できるものではない。

それを明らかにしてくれたのが、黒川柚月《くろかわゆつき》氏の『岡本天明伝』（ヒカルランド）であり、同書は日月神示を正しく解読・解釈するには不可欠のガイドと言っても過言ではない。

私にはこういう本が世に出たこと自体、「神計《かみはか》り」なのではないかと思わずにはいられない。

また「ミロクの世」に至る神仕組のうち「一二三《ひふみ》、三四五《みよいづ》」の二つの仕組が登場し、神経綸《けいりん》の概要が明かされている他、岡本天明たちに「江戸、甲斐《かい》、鳴門《なると》」のそれぞれに三箇所、合計九箇所に神を祀《まつ》れと命じているなど、この巻はまさしく「神仕組」と「神業」が中心となっている。

岡本天明たちの立場に立てば、「型を出すこと、型示し」の巻とも言えよう。

そしてもう一つ「てんし様」に関する記述が多くなり、その具体像が少しずつ明らかになってくるのもこの巻からである。

第一帖（四三）

富士は晴れたり日本晴れ。青垣山《あおがきやま》めぐれる下《した》つ岩根《いわね》に祀りくれた、御苦労ぞ、いよいよ⦿も嬉しいぞ。鳥居はいらぬぞ、鳥居とは水のことぞ、海の水ある、それ鳥居ぞ。皆の者御苦労ぞ。蛇《じゃ》が岳《たけ》は昔から⦿が隠しておりた大切の山ざから、人の登らぬようにして、竜神となりて護《まも》りてくれた神々様にもお礼申すぞ。

富士は晴れたり日本晴れ。いよいよ次の仕組にかかるから、早う次の御用きいてくれよ、⦿急《せ》けるぞ、山晴れ、地《くに》晴れ、海晴れて、初めて晴れるぞ、天晴れて⦿の働きいよいよ烈《はげ》しくなりたら、臣民いよいよわからなくなるから、早う神心になりて下されよ。次々に書かしておくから、よく心に留めておいて下されよ。

この道は宗教《おしえ》ではないぞ、教会《おしえ》ではないぞ、道ざから、今までのような教会作らせんぞ。ミチとは臣民に神が満ちることぞ、⦿の国の中に神が満ち満ちることぞ。金儲けさせんぞ、欲捨てて下されよ。

（昭和十九年七月の十二日のふで、ひつくのか三）

【解説】

初めに、この帖では「**富士は晴れたり日本晴れ**」が二度も出てきて、神が非常に喜んでおられる様子が見て取れることに注目していただきたい。

全体の文意からは、何か大事なことが無事終わって、次の段階に進む段取りができたと喜んでおられるようである。

その「大事なこと」とは、本帖の第一段落に述べられている「**神業**」のことであるが、具体的には岡本天明たちが奉仕した「**榛名山神業**」である。

ちなみに、「榛名山神業」が終了した日は昭和十九年七月十一日である。そして本帖が降ろされたのはその翌日（＝七月十二日）であるから、神示降下の時期的タイミングも完全に符合している。

内容を見ていくと、「**青垣山《あおがきやま》めぐれる下《した》つ岩根《いわね》に祀りくれた、御苦労ぞ、いよいよ⦿も嬉しいぞ**」とある箇所が、「榛名山神業」で神を祀ったことを表し、それを日月神示の神が喜ばれて「**御苦労ぞ**」と労《ねぎら》っているのである。

この中で、「**青垣山《あおがきやま》めぐれる下《した》つ岩根《いわね》**」とある部分は、神道関係者なら「祝詞《のりと》」の表現によく似ていると思われるはずだ。

実はこの部分は、大本《おおもと》教団の「感謝祈願祝詞《ゐやびのことば》」から来ている可能性が高いことを、『岡本天明伝』が明らかにしている。感謝祈願祝詞《ゐやびのことば》には「青垣山籠れる下つ岩根の高天原……」という一節があり、四方を山に取り囲まれた丹波《たんば》・綾部《あやべ》の地形を指すとされるが、榛名山も「榛名富士」を中心に山々が取り囲む地形をしているという共通項がある。

次の「**鳥居はいらぬぞ、鳥居とは水のことぞ、海の水ある……**」とあるのは、端的には「榛名山神業」で神を祀るのに「鳥居」は要《い》らぬということであって、事実天明たち一行は、「**蛇《じゃ》が岳《たけ》**」の頂上でそこにあった岩を「磐座《いわくら》」に見立てて神を祀っただけであった。

ただこの「**鳥居はいらぬぞ、鳥居とは水のことぞ……**」については、実はとんでもなく深い意味があるのだが、本帖ではそこまで明かされていない。

ほんのさわりだけ触れると、鳥居《とりい》（と注連縄《しめなわ》）は、悪神たちが国祖様《こくそさま》（＝国常立大神《くにとこたちおおかみ》）を押し込め封印するための仕掛けであり装置であったということだ。

これを明らかにするには、第十二巻「夜明けの巻」第二帖、同第十帖、及び第十三巻「雨の巻」第二帖などを総合的に検討しなければならないが、ここではこれ以上触れる余地はない（拙著『秘義編』第一章　我《が》で失敗《しくじ》った国常立大神で詳細に説き明かしているので、興味のある方は参照していただきたい）。

「**蛇《じゃ》が岳《たけ》**」とは、榛名富士の外輪山の一つであって、天明たちはここの頂上で神を祀っている。

神示によれば、この山は「**昔からゝ⃝が隠しておりた大切の山**」だとあり、「**人が登らぬようにして、（神々が）竜神になりて護《まも》りて**」きたのだと言う。

『岡本天明伝』の著者・黒川柚月氏は、中世の神仏習合《しんぶつしゅうごう》時代に榛名山の護法（仏法守護）を勧請《かんじょう》し鎮祭した場所だったのだろうと推測しているが、確かにその可能性は高いと思われる。
ともかく「人が登らぬよう」神が仕組んだ場所であるのは確かなことのようである。

中段落に移って、「**いよいよ次の仕組にかかるから**」とあるのは、時系列で言えば「**江戸の仕組**」ということになるが、これについてはこの後登場してくるので、そのときに詳しく解説したい。

ただ、「**◉の働きいよいよ烈《はげ》しくなりたら、臣民いよいよわからなくなるから、早う神心になりて下されよ**」とあるように、神仕組を理解するには「神心になる（＝身魂磨《みたまみが》き）」ことが不可欠であるから、この点どうかお忘れなきように願いたい。

人間の「智」と「学」だけでは、必ず行き詰まるのがオチである。

後段落の「**この道《おしえ》は宗教《おしえ》ではないぞ、教会ではないぞ**」とは、日月神示が一般の宗教とは本質的に異なることを示しているものだ。

「**道、ミチ**」という表現は実に適切である。

「**今までのような教会作らせんぞ**」とか「**金儲けさせんぞ**」とあるのは、右の文意からしても当然なのだが、おそらくこのことは当時の天明たちに対する「戒《いまし》め」でもあったと思われる。

と言うのも、天明の周りには「因縁の身魂」たちが集まってくるようになって、「**天之日津久神《あめのひつくのかみ》奉賛会**」や「**一二《ひつぎ》神示拝読会**」などの集団《まどい》が結成されるようになるからである。

日月神示の内容が内容だけに、その集団《まどい》が宗教色を帯びてくるのはある意味必然であるから、先取りして「今までのような教会作らせんぞ」とか「金儲けさせんぞ」と戒めていると考えられる。

第二帖（四四）

今度の岩戸開く御用は、人の五倍も十倍も働く人でないとつとまらんぞ。岩戸開くと申しても、それぞれの岩戸あるぞ、大工は大工の岩戸、左官は左官の岩戸と、それぞれの岩戸あるから、それぞれ身魂相当の岩戸開いてくれよ。欲が出るとわからんことに、盲になるから、◉気つけるぞ。神の御用と申して自分の仕事休むような心では、神の御用にならんぞ。どんな苦しい仕事でも、今の仕事、十人分もして下されよ。神は見通しざから、次々に善きようにしてやるから、欲出さず、素直に今の仕事致しておりてくれよ、その上で、◉の御用してくれよ。

役員と申しても、それで食うたり飲んだり暮してはならん、それぞれに臣民としての役目あるぞ、役員づらしたら、その日から代わり者出すぞ、鼻ポキン折れるぞ、神で食うことはならんから、くれぐれも気をつけておくぞ。七月の十三日、ひつ九のか三。皆の者、御苦労であったぞ。

（昭和十九年七月十三日）

【解説】

本帖は明らかに「役員に対する戒め」で一貫している。

ここで「役員」とは、岡本天明の時代は前帖に出てきた「**天之日津久神《あめのひつくのかみ》奉賛会**」や「**一二《ひつぎ》神示拝読会**」などの関係者ということになるだろうが、視野を広げて捉《とら》えれば、何らかの形で日月神示に関わる「因縁の身魂」は全員が役員と言ってもよいのではないかと考えられる。

従って現在の我々が無関係であると思うのは誤りである。

私の考えでは、本帖のエキスは「**神の御用と申して自分の仕事休むような心では、神の御用にならん**」ということと、「**役員と申しても、それで食うたり飲んだり暮してはならん**」、それと「**神で食うことはならん**」ということに尽きると思う。

ある人が何らかの宗教に魅せられて入れ込めば、それが生きる目的になりまた生きる支えにもなるのが普通であろう。

また信じているが故《ゆえ》に、その教団の拡大・発展を図ろうとするはずだ。

熱心な信者ほどそうする。

するとどうなるか？

その答えが右の神示なのである。

つまり、宗教活動が全てに優先し、仕事は二の次三の次になるだろうし、その者が教団の幹部（＝役員）ともなれば、教団から給料や報酬を貰ってそれで暮らしを立てようとしても何もおかしくない。

日月神示は「**それはならん**」と切り捨てているのだが、そこには「宗教（＝神示では『道』）の本質」が秘められている。

どういうことか。

本物の宗教活動（＝信仰）とは、教団のために尽くすことなどではなく、その人本人の生活・生き方全てを通して神を知り、神に捧げ、神に仕えるということなのだ。

仕事と信仰を切り離し、仕事より信仰を優先するなどは根本から間違っていると神示は指摘しているのである。

よって「**今度の岩戸開く御用は、人の五倍も十倍も働く人でないとつとまらん**」ということになるのである。勿論、「五倍十倍」とは「もののたとえ」である。

一日二十四時間の中でこれまでと同じように仕事に精を出し、その上で神業にも奉仕するというのは生半可《なまはんか》な覚悟でできるものではない。神が「**人の五倍も十倍も働く人でないとつとまらん**」と仰《おっしゃ》る意味がここにある。

しかも、である。

それらの「神業」奉仕は完全に無報酬なのだ。神はお金を出してはくれない。言ってみれば「ボランティア」そのものなのだ。

さて読者の皆さん、あなたが岡本天明たちの立場なら、今までの五倍も十倍も仕事をしながら、神の命ずるままに「神業」の無償奉仕を喜んでやりますか？　やれますか？　いかがですか？
このことを考えれば、「因縁の身魂」の何たるかが多少はおわりいただけるのではないだろうか。

一点補足しておきたいのは、「**岩戸開くと申しても、それぞれの岩戸あるぞ**」と明示されていることで、岩戸とは一人一人が有しており、それは間違いなく「閉じている」ということである。

このため神は、まずそれを開けと仰っているのである。

このことを誤解して、「国や世界の岩戸」を自分が開くなどと意気込むのは百年早いのであり、まさしく「**欲が出るとわからんこと**」になってしまうから、よくよく注意されたい。

「身魂磨き」とは、何よりもまずは「自分の岩戸を開く」ことなのである。

第三帖（四五）

この⦿のまことの姿見せてやるつもりでありたが、人に見せると、びっくりして気を失うもしれんから、石に彫らせて見せておいたのに、まだ気づかんから、木の型をやったであろうがな、それが⦿のある活動の時の姿であるぞ、⦿の見せ物にしてはならんぞ、お山の骨もその通りぞよ。これまで見せてもまだわからんか、何もかも⦿がさしてあるのぞ。心配いらんから欲出さずに、素直に御用きいて下されよ、今度のお山開き、まことに結構であるぞ。⦿が烈しくなると、⦿の

話より出来んことになるぞ、⦿の話結構ぞ。（昭和十九年七月の十三日、ひつ九のかみ）

【解説】

本帖はただ字面《じづら》を読んだだけでは、何のことか全く理解できないであろう。

私自身、この帖を初めて読んだときは「何だよ、これは？」という諦《あきら》め感と共に、深い溜息《ためいき》しか出なかったことを思い出す。

ここで述べられているのは、「**榛名山神業**」を遂行した岡本天明と彼の同志たちに対して神が降ろした神示である。よって、第三者が何の予備知識もないまま読んでもわかるわけがないのである。

そしてこれを初めて解読し発表したのが、黒川柚月氏の『岡本天明伝』である。

以下、同書を参考にしつつ右を解説しよう。

前提事項として、「**この⦿のまことの姿**」とか「**⦿のある活動の時の姿**」とあるが、具体的にそれは「**龍体《りゅうたい》、龍神**」であり、国常立大神が太古《たいこ》の時代に地球を修理固成《つくりかため》られたときの御姿のことを指している。

これは「大本《おおもと》」との繋《つな》がりからわかることだが、まずはこの点を押さえておいていただきたい。

その上で「**（この⦿のまことの姿を）人に見せると、びっくりして気を失うもしれん**」ので、代わりのものを見せたと述べているのが、「**石に彫らせたもの**」、「**木の型**」、そして「**お山の骨**」の三つなのである。

このいずれも「龍の形」をしている。

確かに「龍体」をもろに見せられたのでは、恐怖心で気絶する恐れもあるだろうから、代用品のほうがよかったのかもしれない。

「**石に彫らせたもの**」とは榛名の山道に沿って屹立《きつりつ》する奇岩「九折岩《つづらいわ》」のことで、龍が天に昇るような形をしている。

また「**木の型**」とは、蛇が岳に向かう途中、榛名湖畔で見つけたと思われる「龍体の形をした流木」である。岡本天明に同行した都筑太一《つづきたいち》が、自宅に持ち帰ったという。

そして最後の「**お山の骨**」とは、榛名山外輪山のうねるような「岩山の山並み」を指すと思われる。

これらは「**何もかも⦿がさしてあるのぞ**」とあるとおり、神が天明たちに示した「(龍体の)状況証拠」であり、同時に神経綸《けいりん》の証《あかし》でもあった。

こうして天明たちの「榛名山神業」は終わったのであるが、神はここでも「**今度のお山開き、まことに結構であるぞ**」と最大級の賛辞を贈っているから、神の目にも大成功だったことは疑いない。

第四帖（四六）

早く皆のものに知らしてくれよ、⦿急けるぞ。お山の宮も五十九の岩で作らせておいたのに、まだ気がつかんか、それを見ても⦿が使ってさしておること、よくわかるであろうが、それで素直に⦿の申すこと聞いてくれて我《が》を出すなと申しているのぞ、何事も⦿にまかせて、取り越し苦労するなよ、我がなくてもならず、我があってもならず、今度の御用なかなか難しいぞ。

五十九の石の宮出来たから、五十九の石身魂、いよいよ⦿が引き寄せるから、しっかりしておりて下されよ、今度の五十九の身魂は御苦労の身魂ぞ。人のようせん辛抱さして、生き変わり死に変わり修行さしておいた昔からの因縁の身魂のみざから、見事御用つとめ上げてくれよ。教会作るでないぞ、信者作るでないぞ。この仕組、知らさなならず、知らしてならんし、⦿もなかなかに苦しいぞ。世の元からの仕組ざから、いよいよ岩戸開く時来たぞ。

（昭和十九年七月の十三日、ひつくのか三）

【解説】

本帖は、「榛名山神業の意義」について書かれている。

まず、「**お山の宮**」とはおそらく今で言う「榛名神社」のことであろうが、「**お山の宮も五十九の岩で作らせておいた**」とあるから、元々は「磐座《いわくら》」そのものが御神体であったと思われる。実際、「榛名神社」境内は奇岩・怪岩のオンパレードであり、参拝者は例外なく圧倒される。

後段の「**五十九の石の宮出来たから、五十九の石身魂、いよいよ⦿が引き寄せる**」とあるのが、

「榛名山神業」の大きな意義の一つであると思われる。

つまり、天明たちの奉仕した「蛇《じゃ》が岳《たけ》」山頂における「神祀り」とは、「磐座」を御神体に見立てて行ったものであったから、これによって「お山の宮」の御神体（＝榛名神社の磐座に宿る神々）が復活し、これが地上現界に移写《いしゃ》して、「**いよいよ⦿が引き寄せる**」という段取りになると考えられるのだ。

この「**五十九の石身魂**」こそが、いわゆる神の御用《ごよう》を果たす「因縁の身魂」たちであって、彼らは皆「**人のようせん辛抱さして、生き変わり死に変わり修行さしておいた昔からの因縁の身魂のみ**」であると述べている。

幾転生《いくてんせい》もかけて修行してきた身魂であることが察せられる。

ところで何故《なぜ》「五十九」なのかと言うと、これは第一巻「上《うえ》つ巻」第十三帖に出てきた「**合わして五十九の身魂あれば、この仕組は成就するのざ**」、「**これが世の元の神の数ざ**」に対応するからである。

岡本天明たちはそういう身魂であったわけだが、そのような彼らに対しても神は「**教会作るでないぞ、信者作るでないぞ**」と釘を刺し、普通の宗教と同じようにしてはならないことをこの段階から戒めている。

「**この仕組、知らさなならず、知らしてならんし……**」とあるのは、いつもの逆説的表現であるが、これは知らせる対象のことを述べていると考えればよいだろう。

因縁の身魂たちには何がなんでも速やかに知らせなければならないが、それ以外の人民に無節操に広めることはかえって「神業」の邪魔になる恐れなどもあって、そこはよく考えねばならないことだったはずだ。

また、当時は大東《だいとう》亜《あ》戦争《せんそう》の真《ま》っ最中《さいちゅう》であり、国民が一丸となって天皇を頂点とする「国家神道」を奉じていたから、そこへ別の宗教（のようなもの）を持ち込むことは当然慎重でなければならなかった事情もあったであろう。

さて、少し前に戻るが、「**我がなくてもならず、我があってもならず、今度の御用なかなか難しいぞ**」という部分を最後に説明しておきたい。

これも典型的な逆説的表現であるが、常識的な意味を考えれば、「神の御用を果たすには我《が》を出さずに素直に神に従うべきだが、さりとて何も考えず盲信するのはよくない」という解釈に落ち着くだろう。

これはこれで一理あるが、実は「我《が》」には極めて深い意味がある。しかも神仕組の根幹にも関わる最重要事項であって、右のような表面的解釈だけで済む話ではない。

ただ本帖だけでは到底その神意に迫ることはできず、広く関連するピースを集めて総合的に考えていかなければならない。

更にこれは日月神示だけで完結する話ではなく、大本《おおもと》の『大本神諭《おおもとしんゆ》』や『霊界物語《れいかいものがたり》』との繋がりも考慮しなければならない大掛かりな仕組なのである。

本書ではとてもそこまで解説する紙幅はないので、これについては拙著『秘義編』を参照していただきたい。「我」の本質と神仕組の関係について、徹底的に分析している。

第五帖（四七）

江戸に⦿と人との集まる宮建てよ、建てると申しても家は型でよいぞ、仮のものざから人の住んでいる家でよいぞ。⦿の石まつりて、⦿人祀りてくれよ。それが出来たら、そこでお告げ書かすぞ。淋しくなった人は集まりて、その神示《ふで》見て読んでみれば、誰でも甦るぞ。この神示うつす役要るぞ、この神示印刷してはならんぞ。⦿の民の言葉は⦿讃《たた》えるものと思え、てんし様讃えるものと思え、人褒《ほ》めるものと思え、それで言霊幸《ことたまさき》わうぞ、それが臣民の言葉ぞ。悪き言葉は言ってはならんぞ。言葉は善き事のために神が与えているのざから忘れんようにな。

（昭和十九年七月の十五日、ひつくのか三のふで）

【解説】

本帖は岡本天明たちに宛《あ》てた「神業」に関する指示が中心となっている。

冒頭の「**江戸に⦿と人との集まる宮建てよ**」とあるのは、「**江戸の仕組**」と呼ばれるもので、この神示が降りてから一カ月もしない間に、江戸（＝東京）の三箇所に、「**奥山**」、「**中山**」、「**一の宮**」が創建されることになる。

ただ、「**仮のものざから人の住んでいる家でよいぞ**」と示されているように、これらの宮はあくまで「仮《かり》」であって、事実その後何度も場所が移っている。

「**⦿の石まつりて**」とは、第一巻「上つ巻」第三十三帖に「**⦿の石はお山にあるから、お山開いてくれよ**」と示されていることに対応するものであろう。

「お山」とは勿論「榛名山」であるから、「榛名山神業」の際に持ち帰った石を御神体としたものと思われる。

このことからも、日月神示の神が地上界で御神体（＝依代《よりしろ》）とするのは「**石（または磐座《いわくら》）**」であって、神社に祀れと示していない理由もここから判明する。

注目すべきは「**それが出来たら、そこでお告げ書かすぞ**」とある部分で、「江戸の仕組」が終われば神示を降ろす場所は「江戸の宮」にすると示されている。

実際にその後の神示降下は、天明の住居に置かれた「**奥山**」の御神前で降ろされることになるのである。

そしてもう一つ注目すべきなのが「**この神示うつす役要るぞ、この神示印刷してはならんぞ**」との示しである。これは明らかに神示の取り扱い方を神が指示したものである。

日月神示は印刷してはならず、写し取らなければならない。

しかも「**うつす役要るぞ**」とあるから、誰が写してもよいと言うことでもない。このように神示の扱いは極めて厳格に定められていた。まさしく神示の神示たる所以《ゆえん》である。

そしてこれが、前帖で解説した「**この仕組、知らさなならず、知らしてならんし……**」に対応するものであることは、容易に理解されるはずだ。

知らさなならん臣民には「うつして知らす」しかできないのであるから。

後半は「言葉の本質」が見事に説明されている。

「**㋹の民の言葉**」とは「**㋹讃《たた》えるもの**」、「**てんし様讃えるもの**」、「**人褒《ほ》めるもの**」であって、これを要するに「**言葉は善き事のために神が与えている**」ということになる。

私はこれほど簡潔で、しかも鮮やかに本質を言い表している説明は他に知らない。

「言葉」というとき、それは単に口から出る「音」ではなく、「善き事」のために「魂（＝神、神性）」から発せられる「**マコト**」が、「音声」という媒体《ばいたい》を通して外に出るものであり、それ故に根源は「**言霊《ことたま》**」なのである。

臣民がどんな言葉を使えばよいか、それはここを読めば明らかである。

第六帖（四八）

今までの神示、縁ある臣民に早う示してくれよ、御用の身魂が喜んでいろいろ御用するようになるから、早う示して江戸に仮の宮作りてくれよ。⦿⦿《かみがみ》様臣民まつろいて、岩戸開く元出来るから、早う知らせてくれよ、誰でも見て読めるように写して、神前に置いて、誰でも読めるようにしておいてくれよ。役員よく考えて、見せる時、間違えぬようにしてくれよ。

（昭和十九年七月十五日、ひつくのか三のふで）

【解説】

本帖にも「江戸の仕組」と「神示の取り扱い」に関する内容が降ろされている。

冒頭の「**今までの神示**」とは、初発の第一巻「上つ巻」以降の全ての神示が該当するであろうが、それを「**縁ある臣民に知らせ**」れば、「**御用の身魂が喜んでいろいろ御用する**」ようになるから、「**早う示して江戸に仮の宮作りてくれよ**」という指示を与えているのである。

「仮の宮」を作るためには、まず「因縁の身魂（＝御用の身魂）」が集まらなければならないと示されているわけである。

江戸に仮の宮を作る意義については、「**⦿⦿《かみがみ》様臣民まつろいて、岩戸開く元出来る**」と示されているから、「岩戸開き」のための「仕組」であり「神業」であることがハッキリとわかる。

「神示の取り扱い」については、「**誰でも見て読めるように写して、神前に置いて、誰でも読めるようにしておいてくれよ**」との指示であるから、この時期はまだ個人への配布までには至っていなかったことが窺《うかが》える。

御神前に置くのも「**写し**」とされているのは注目に値する。人が触ってよいものは「写し」ということであるから、岡本天明が直受した「原本」はそれだけ神意に満ちていて尊いものであることがわかる。

「因縁の身魂」が御神前で神示の写しを拝読することにより、その者の魂が神に感応してスイッチが「オン」になったと理解してよいだろう。

ただし見せる時期はいつでもよいというわけではなく、「**役員よく考えて、見せる時、間違えぬように**」と注意を与えている。神示の取り扱いは極めて慎重さが求められていたのである。

現在なら、「神示全訳本」や「解説本」が一般書店で販売されており、いつでも誰でも入手することができるが、当時は極めて限定された環境で当面「読む」ことしか許されなかったのである。

因縁の身魂を集めるに際しては、神もこれだけ慎重にことを運んでいた事実を知っておいていただきたい。

第七帖（四九）

この神示読んで嬉しかったら、人に知らしてやれよ、しかし無理には引っ張ってくれるなよ。この⦿は信者集めて喜ぶような⦿でないぞ、世界中の民みな信者ぞ、それで教会のようなことするなと申すのぞ、世界中大洗濯する⦿ざから、小さいこと思うていると見当とれんことになるぞ。一二三祝詞《ひふみのりと》する時は、⦿の息に合わして宣《の》れよ、⦿の息に合わすのは、三五七・三五七に切って宣れよ。終《しま》いだけ節長くよめよ、それを三度よみて宣りあげよ。天津祝詞《あまつのりと》の神ともこの方申すぞ。

（昭和十九年七月十五日、一二⦿）

【解説】

この帖の前半は、役員が神示を他人に伝えるときの注意事項を述べている。

神示を伝えるに際して神は、「**この神示読んで嬉しかったら、人に知らしてやれよ**」と条件をつけていることに注目していただきたい。神示を読んで「自分が嬉しくなる」のが条件だと言うのである。

また、「（信者を）**無理には引っ張ってくれるな**」、「**信者集めて喜ぶような⦿でない**」、「**教会のようなことするな**」ともあるが、これらは皆巷《ちまた》の宗教とは正反対のことばかりである。

本物の宗教（＝道）とはこういうモノを言うのである。

後半はガラッと趣《おもむき》が変わり、「一二三祝詞《ひふみのりと》」の宣《の》り方を教示している。

「一二三祝詞」は日月神示が示す多くの祝詞の中でも最も重要なものである。

「宣り方」は右の神示に書いてあるとおり、「**三五七・三五七に切って宣る**」のが基本だが、「一二三祝詞」そのものをご存じない読者は、第二十六巻「黒金《くろがね》の巻」第三十九帖に具体的な宣《の》り方と共に示されているので参照されたい。

一点補足しておくと、祝詞といえば神主など「神職者」の専売特許と考えるのは、日月神示による限り大間違いである。

「**神を祀る**」という観点からは、「**全ての臣民が神職者**」であり、「祝詞を宣《の》る」べきなのである。

それについては、第五巻「地つ巻」第八帖に明記されている。重要なので引用しておこう。

> 神主、お祓《はら》いの祝詞《のりと》あげても何にもならんぞ、お祓《はらえ》祝詞は宣《の》るのぞ、今の神主宣っていないぞ、口先ばかりぞ、（中略）皆心得ておけよ、◉のことは神主に、仏は坊主にと申していること根本の大間違いぞ。

神は「**⦿のことは神主に、仏は坊主にと申していること根本の大間違いぞ**」と、極めて強い調子で指摘していることを肝《きも》に銘じておいていただきたい。

なお最後の「**天津祝詞《あまつのりと》の神ともこの方申すぞ**」とあるのは、「この方（＝国常立大神）」が「天津祝詞の神」という神格としても顕現《けんげん》するということで、国祖様が多様な役割を持たれており、それを果たされるときの神格に付けられた神名《かむな》と理解すればよいだろう。

日月神示を降ろした神の名が「天之日津久神《あめのひつくのかみ》」というのも同様の理由からである。

第八帖（五〇）

この神示皆に読みきかしてくれよ。一人も臣民おらぬ時でも、声出して読んでくれよ、臣民ばかりに聞かすのでないぞ、⦿⦿様《かみがみ》にも聞かすのざから、そのつもりで力ある誠の声で読んでくれよ。

（昭和十九年七月の十七日、ひつくのか三）

【解説】

本帖は、「神示の読み方」を示したものである。

ご覧のとおり、日月神示の読み方の基本は「**力ある誠の声**」で読む「**音読**」である。

その理由は、「**臣民ばかりに聞かすのでないぞ、⦿⦿様《かみがみ》にも聞かす**」とあるように、この地上界の臣民のみが対象ではないからである。

ここで言う「⦿⦿様《かみがみ》」とは具体的な説明がないが、「世の元からの⦿」が含まれないのは明らかであるから、それ以外の神、つまりイザナギ神が独り神となって産んだ「**途中からの神**」と臣民の「**守護神**」が含まれると考えられる。

これらの神々は「世の元からの神仕組」を完全にはわかっておらず、また多くが「悪神」に堕《お》ちているため、地上界の臣民が神示を「音読」することにより、その波動が霊界に響いて理解を促進するのであろうと考えられる。

では、声を出さずに読むことは無駄なのかと言うと、勿論そうではないであろう。読まないよりは「黙読」でも読むほうがいいに決まっている。ただ、「**力ある誠の響き**」を発するには、音読のほうが遥《はる》かに効果的であるという点を押さえておくべきである。

第九帖（五一）

今度の戦は⦿と〇との大戦《おおいくさ》ぞ。⦿様にもわからん仕組が世の元の神がなされているのざから、下《しも》の神々様にもわからんぞ。何が何だか誰もわからんようになって、どちらも丸潰れというところになりた折、大神の命《みこと》によりてこの方《ほう》らが神徳出して、九分九厘という所で、⦿の力がどんなにえらいものかということ知らして、悪の⦿も改心せならんように仕組みてあるから、⦿の国は⦿の力で世界の親国《おやぐに》になるのぞ。⦿と〇とは心の中に、ゝがあるか、ゝがないかの違いであるぞ。この方は三四五《みよいづ》の⦿とも現われるぞ。

江戸の御社《みやしろ》は誰でも気楽に来て拝めるようにしておいてくれよ、この方の神示書く役員、神示うつす役員、神示説いてきかす役員要るぞ、役員は人の後について便所を掃除するだけの心がけないとつとまらんぞ。役員づらしたら、すぐ替え身魂使うぞ。

（昭和十九年七月の十七日、一二のか三）

【解説】

この帖は前段落と後段落に区分され、それぞれ「大峠」と「江戸の仕組と役員の心構え」の二つがテーマとなっている。

まず最初の段落から見ていくと、「**今度の戦は⦿と〇との大戦《おおいくさ》ぞ**」とある箇所は、「**どちらも丸潰れ**」になるという記述があるので、「大東亜戦争」ではなく「大峠」のことを指している。

大東亜戦争では日本だけが丸潰れになったからである。

本帖では、「**世の元の神**」、「**⦿様**」、「**下《しも》の神々様**」という三つの表現が出てきて、それぞれの神格と神力（役割）には違いがあることを明示している。

特に「**今度の戦**（＝大峠のときの最終戦争）」では、「**⦿様**」と「**下《しも》の神々様**」にはわからない仕組を、「**世の元の神が仕組んだ**」と示されている点に注意していただきたい。

それではその仕組とは何かと言えば、「**どちらも丸潰れというところになりた折、大神の命《みこと》によりてこの方《ほう》らが神徳出して、九分九厘という所で、☉の力がどんなにえらいものかということ知らして、悪の☉も改心せなならんような仕組**」だと言う。

その結果「**☉の国は☉の力で世界の親国《おやぐに》になる**」とあるが、「**☉の国**」とは勿論日本のことである。

ここで「**九分九厘という所で、☉の力がどんなにえらいものかということ知らして**」とある部分は重要な意味を有する。

と言うのは、「九分九厘」とは「最後の一厘」が欠落しているという意味であるが、それが欠落しているのは悪神だけであるからだ。

悪神はどうあがいても「最後の一厘」を知ることも手に入れることもできない仕組になっている。

つまり原理的に不可能だということである。

「最後の一厘」の神力を発揮できるのは「世の元からの正神」だけなのである。

これを「**一厘の仕組**」と言い、悪神は九分九厘まで行くけれども「最後の一厘」がないから絶対に勝てないのである。これが「**☉の力がどんなにえらいものか**」という意味である。

ちょっと横道に入るが、「九分九厘」まで行ってから「最後の一厘」が発動するイメージとは、何となく「**水戸《みと》黄門《こうもん》の印籠《いんろう》**」に似ていると思われないだろうか。

悪党どもの悪だくみが成就する直前に黄門様一行が登場し、助《すけ》さん格《かく》さんらが大暴れした後、「ええい、鎮まれ鎮まれ〜、この紋所《もんどころ》が目に入らぬか！」というあれである。

これで悪党どもは皆平身低頭《へいしんていとう》してしまう。日本人が一番好きなパターンらしい。

ここで「最後の一厘」を「黄門様の印籠（＝紋所）」に置き換えれば少しイメージしやすいかもしれない。最後の一厘とは、「悪神が知りたくても絶対に知ることができず、しかも絶対に勝てないもの」と説明したが、「黄門様の印籠」はこれによく合致するであろう。

時代劇であるから「黄門様の印籠」とは先《さき》の副将軍という「権威・権力の証《あかし》」でしかないが、これが「神一厘」の場合はそんなものではなく、「**世の元の大神の絶対愛、大歓喜、マコト**」の発動ということになるはずだ。

これが「**☉の中の丶**」ということであって、「**☉（正神）にはあるが〇（悪神）にはない**」ものである。

即《すなわ》ち、「一厘の仕組」とは「〇」の中に「丶」を入れることに他ならず、悪神（〇）に「丶」が入ったらそれは「☉」となってしまうから、もはや悪神自体が存在しなくなってしまう。

神仕組はこのようになっている。

前段の最後に、「**この方は三四五《みよいづ》の☉とも現われる**」という謎の文章が唐突に出てくる。

「三四五の仕組」とは「てんし様の稜威《みいづ》が世に出る仕組」のことであるから、「**三四五《みよいづ》の⦿**」は「てんし様」と同体ということになる。

それが「**この方**」であるというのだから、「てんし様」とは「国常立大神の化身（＝肉体としての顕現）」であるという意味になる。

これが「てんし様」の正体である。

後段落は「江戸の仕組と役員の心構え」について述べている。

まず「**江戸の御社《みやしろ》**」とは、「江戸の仕組」によって創建される「**奥山、中山、一の宮**」のことであって、そこは「**誰でも気楽に来て拝める**」ようにしろとの指示である。来る者拒《こば》まずである。

また神示の取り扱いについては、ここでも明確に「役割分担」が示され、「**神示書く役員**」、「**神示うつす役員**」、「**神示説いてきかす役員**」が必要であると示されている。

誰でも自由に勝手に取り扱ってはならぬという厳しい戒めであり、神示の格式の高さと正統性を反映しているように思われる。

しかしここで何よりも驚くのは、「**役員は人の後について便所を掃除するだけの心がけないとつとまらん**」と明示されていることだ。

これは一般の宗教団体で、幹部役員が信者の上に君臨していることとは正反対、真逆《まぎゃく》である。

「因縁の身魂」とは一番下の底辺にあって足の裏に徹し、人々に奉仕する使命・役割があると神が教えているのである。

このことの重みをよく噛み締めていただきたい。これが結局「スメラの使命・役割」に繋《つな》がる。真《まこと》の日本人に「自己犠牲（のように見える現象）」が伴うのは「便所掃除」の役割があるからである。

それができない者は、**「すぐ替え身魂使う」**とされているのである。

第十帖（五二）

八月の十日には江戸に祀りてくれよ。アイウは縦ぞ、アヤワは横ぞ、縦横組みて十となるぞ、十は火と水ぞ、縦横結びて力出るぞ。何も心配ないから、ドシドシと⦿の申す通りに御用進めてくれよ。臣民は静かに、⦿は烈しき時の世近づいたぞ。

（昭和十九年七月の十七日、一二⦿）

【解説】

本帖の冒頭部分は、明らかに**「江戸の仕組」**についての指示であり、**「八月十日」**が「祀り」の期限と示されている。

『岡本天明伝』によれば、昭和十九年八月十日までに、間違いなく「奥山、中山、一の宮」が開かれ、「江戸の仕組」が完成している。

これに続いて、「**アイウは縦ぞ、アヤワは横ぞ、縦横組みて十となるぞ、十は火と水ぞ、縦横結びて力出るぞ**」であるが、ポイントは「十」である。

「十」は日月神示で「カミ、神」とも読むから、神力が発動するには火と水（＝陽と陰）が縦横にしっかりと組み結ぶことが必要だとの教えである。

「**アイウ**」、「**アヤワ**」が具体的に何のことかは示されていないが、「アイウ」を神が住まう「奥山、中山、一の宮」という縦（火）に、また「アヤワ」を三つの宮の役員と考えて横（水）というように解釈すれば、そこには「神（火）」と「人（水）」が浮き彫りになる。

つまり神と人が十字に組み結び、「神人一体」になることによって初めて神力が発動されるという意味であろう。八月十日に江戸に祀れとは、まさしく「十」に対応していたのである。

このような仕組であるから、「**何も心配ないから、ドシドシと⦿の申す通りに御用進めてくれよ**」と神が天明たちを激励しているのである。

第十一帖（五三）

けものさえ、⦿《かみ》の御旨《みむね》に息せるを、⦿を罵《ののし》る民のさわなる。

草木さえ神の心に従っているでないか、⦿の旨にそれぞれに生きているでないか、あの姿に早う返りてくれよ、青人草《あおひとぐさ》と申すのは、草木の心の民のことぞ。

道は自分で歩めよ、御用は自分でつとめよ、人がさしてくれるのでないぞ、自分で御用するのぞ、道は自分で開くのぞ、人頼りてはならんぞ。

（昭和十九年七月の十八日、ひつくのか三）

【解説】

この帖は、まず民が「**けもの以下の性来**」に堕《お》ちていると指摘している。

「**けものさえ、草木さえ神の心に従っている**」のに、民だけが神に「**あの姿に早う返りてくれよ**」と戒められていることからそれがわかる。

「けもの、獣」とは「体主霊従《われよし》」の者を指す別の表現である。

なおここでは「臣民」ではなく「**民**」という一語の表現が使われているから、神示が対象としているのは広い意味の「人民」ということであろう。

「（⦿を罵《ののし》る民の）さわなる」とは「邪魔になる、害になる」という意味であるが、それは民が「けもの以下」になっているからなのである。

後半の「**道は自分で歩めよ、御用は自分でつとめよ**」、「**自分で御用するのぞ、道は自分で開くのぞ**」などとある部分は、日月神示信奉者の「信仰の在り方」を説いているもので、ひと言で言えば「**自力**」を旨として歩めという意味であろう。

既存宗教のように、教祖や幹部役員などに何もかも全面的に依存《いぞん》する「他力《たりき》」であってはならないと言い換えてもよい。

ただし、「自力」とは「何もかも独力で」とか「他人の力や援助なしに」という意味ではないから注意していただきたい。

正確には、「**他力に生かされながら、自力で生きる**」つまり「**他力の中の自力**」と言うことができるが、この禅問答《ぜんもんどう》のような意味を賢明な読者にはおわかりいただけると信じたい。

第十二帖（五四）

この⦿は日本人のみの⦿でないぞ。自分で岩戸開いておれば、どんな世になりても楽に行けるように神がしてあるのに、臣民というものは欲が深いから、自分で岩戸しめて、それでお蔭ないと申しているが困ったものぞ。早う気づかんと気の毒出来るぞ。初めの役員十柱《とはしら》集めるぞ。早うこの神示写して置いてくれよ、⦿急けるぞ。

（昭和十九年七月の十八日、ひつくの⦿）

【解説】

冒頭の「**この⦿は日本人のみの⦿でないぞ**」とある部分は、世界中の全ての人民が「この⦿」の「真の信者」だということであるが、それは要するに「この⦿」が「**世の元の⦿**」だからである。

第一巻「上つ巻」第一帖に「**仏もキリストも何も彼《か》もはっきり助けて……**」とあったが、本質的にはこれと同じことである。

次に、「**臣民というものは欲が深いから、自分で岩戸しめて**」とある部分は、一人一人が重く受け止めなければならない重要箇所である。

何故ならば、「岩戸閉め」とは何も「日本や世界の岩戸閉め」ばかりではなく、「個人個人の岩戸閉め」もあるからだ。

「身魂磨き」とか「メグリ取り」というのも、臣民個人の「岩戸が閉まっている」からこそ行われなければならないのである。

その原因が「**欲**」だという点は肝に銘じなければならない。

従って「**自分で岩戸開いておれば、どんな世になりても楽に行けるように神がしてある**」のは当然の道理であるが、肝心の臣民が「欲」に負けて自分で「岩戸を閉めた」ということが真相なのである。

これもまた「体主霊従《われよし》」のことに他ならず、深いところでは悪神の罠《わな》である。

「**初めの役員十柱《とはしら》集めるぞ**」とは、岡本天明の下《もと》に集結する「因縁の身魂」の数のことで、初めから「五十九柱」の役員全部が集まるわけではない。神業の進展に伴って順次必要な身魂たちが集まるのであろう（「五十九柱」の役員については、第一巻「上つ巻」第十三帖参照）。

おそらく「天之日津久神奉賛会《あめのひつくのかみほうさんかい》」のメンバーが中心であったと思われる。

第十三帖（五五）

逆立ちして歩くこと、なかなか上手になりたれど、そんなこと長う続かんぞ。あたま下で、手で歩くのは苦しかろうがな、上にいては足も苦しかろうがな、上下逆様《さかさま》と申してあるが、これでよくわかるであろう、足はやはり下の方が気楽ぞ、あたま上でないと逆さに見えて苦しくて逆様ばかりうつるぞ、この道理わかりたか。岩戸開くとは元の姿に返すことぞ。神の姿に返すことぞ。三《ミチ》の役員は別として、あとの役員の御役は、手、足、目、鼻、口、耳などぞ。人の姿見て、役員よく神の心悟れよ、もの動かすのは人のような組織でないと出来ぬぞ。この道の役員は、己《おの》が自分で自ずからなるのぞ、それが神の心ぞ。人の心と行いと⦿の心に融けたら、それが神の国のまことの御用の役員ぞ、この道理わかりたか。

この道は神の道ざから、神心になるとすぐわかるぞ、金銀要らぬ世となるぞ。御用嬉しくなりたら神の心に近づいたぞ、手は手の役、嬉しかろうがな、足は足の役、嬉しかろうがな、足はいつまでも足ぞ、手はいつまでも手ぞ、それがまことの姿ぞ、逆立ちしていたからよくわかりたであろうがな。

いよいよ世の終わりが来たから役員気つけてくれよ。神代近づいて嬉しいぞよ。日本は別として、世界七つに分けるぞ。今にわかりて来るから、静かに神の申すこと聞いておりて下されよ。この道は初め苦しいが、だんだんよくなる仕組ぞ、わかりた臣民から御用つくりてくれよ、御用はいくらでも、どんな臣民にでも、それぞれの御用あるから、心配なくつとめてくれよ。

（昭和十九年七月の十八日夜、ひつくのか三）

【解説】

本帖は四つの段落から成り立っているので、それぞれについて説明する。

最初の段落は、今の世が「**上下逆様**《さかさま》」になっていることを指摘しており、これを元に戻すことが「**岩戸開き**」であり「**神の姿に返す**」ことだと述べている。

つまり、「上下逆様」とは「岩戸閉め」と同義である。

大きい意味での「岩戸閉め（＝上下逆様）」ですぐ思い出すのは、「五度の岩戸閉め」であろう。具体的には「イザナギ・イザナミ神の離別」、「アマテラスの時の騙《だま》した岩戸」、「スサナルノミコトの追放」、「神世から人皇（＝神武《じんむ》天皇）の世への移行」、「仏魔の渡来」の五つであるが、これによって、地上に神の光が全く射し込まなくなったのである（五十黙示録《いせもくじろく》第二巻「碧玉之巻《あおたまのまき》」第十帖参照）。

従って、今の世は間違いなく「上下逆転」している。

一方、個人における「岩戸閉め」とは、本来の「霊主体従」から「体主霊従」に堕《お》ちたことであり、「霊主」から「体主」へと文字どおりの「上下逆様」になったのである。

このように、「岩戸閉め」、「岩戸開き」とは「個人」のレベルから「国、世界」のレベルまで多種多様な要因を含んでいる。

「**逆立ちして歩くこと、なかなか上手になりた**」と神が少し皮肉っぽく述べているのは、我々が「上下逆様」に慣れ切って、そのことをおかしいとも何とも感じなくなっているからである。

とは言っても、矢張り「**足は下**」、「**頭は上**」が自然であり気楽なのである。

二番目と三番目の段落は、「**役員の役割、はたらき**」に関する教えである。

核心となるのは、「**人の姿見て、役員よく神の心悟れよ、もの動かすのは人のような組織でないと出来ぬ**」の部分であって、「人のような組織」こそ神の教える理想的な組織であり、全ての役員が適材適所に配置され、手は手、足は足として喜びのうちにはたらくのである。

このことを、「**三《ミチ》の役員は別として、あとの役員の御役は、手、足、目、鼻、口、耳などぞ**」と示している。

「**三《ミチ》の役員**」とあるが、「三《ミチ》」とは「三《さん》」でもあるから、これは中核となる「**あ、や、わ**」の三つの身魂を統合して指していると考えられる。

それ以外は、「**手、足、目、鼻、口、耳など**」としてはたらくのが神仕組なのである。

なお第三段落の後半に「**足はいつまでも足ぞ、手はいつまでも手ぞ、それがまことの姿ぞ**」とあるのは、「ミロクの世」では身魂の因縁によってそれぞれの使命・役割が決まっていることを言う。まさしく「**人の姿**」なのであり、すべての細胞が共存共生共助のうちにはたらいていることと同じである。足の細胞が脳細胞になることなど絶対にあり得ないのだ。

なお一つ気をつけていただきたいのは、ここで言う「役員」とは岡本天明たちの「集団《まどい》」の役員だけという狭い意味ではなく、「ミロクの世」では広く全世界の臣民が対象になっているということである。

最終段落は「**世の終わり**」が近づいてきたことを役員に示し、「**神の申すこと聞いて**」、「**わかりた臣民から御用つくりてくれよ**」と指示し、同時に激励している部分である。

ただ「**いよいよ世の終わりが来たから**」とか「**神代近づいて嬉しいぞよ**」とあるので、今日明日《きょうあす》にでもそうなるように考えたくなるかもしれないが、それはまさしく人間心で地上界のことしか考えていないからである。

「岩戸開き」の対象となっているのは「神、幽、顕《けん》」の三千世界であって、地上世界（＝顕）だけではない。

よって「**いよいよ世の終わりが来た**」とあっても、それは順番から言えばまず「神界」で起こり、次いで「幽界」に移り、最後に「顕界（＝地上界）」に移写する仕組なのである。

地上界ではまだ「世の終わり」が来ていないから、本帖の段階は「神界」または「幽界」のことと考えるべきである。

「日本は別として、世界七つに分けるぞ」とは、「ミロクの世」の日本と外国の関係を指していると思われる。

日本が世界の中心であり、外国が七つに区分されて統治されるという意味であろうが、想像を逞《たくま》しくすれば、来《きた》るべき「大峠」において地球上の大陸の離合集散或いは沈降浮上が起こり、最終的に七大州（＝七大陸）に再構築されるとも考えられる。

七大州なら「世界七つに分ける」と完全に符合する。

なお「七」については、第一巻「上つ巻」第十三帖で、**「元の人三人、その下に七人、その下に七七・四十九人」**とあったように、神仕組の基本数ないし基本単位であると考えてよい。

おそらく「世界七つに分ける」の原意もここにあると思われる。

第十四帖（五六）

臣民ばかりでないぞ、神々様にも知らせなならんから、なかなか大層と申すのぞ。一二三《ひふみ》の仕組とは、永遠《とわ》に動かぬ道のことぞ、三四五《みよいづ》の仕組とは、みよいづの仕組ぞ、御代出づとは、⦿の御代になることぞ、この世を⦿の国にねり上げることぞ、⦿祀りたら三四五の御用にかかるから、そのつもりで用意しておいてくれよ。

この⦿は、世界中の神と臣民と、獣《けだもの》も草木も構わねばならんのざから、御役いくらでもあるぞ。神様と臣民、同じ数だけあるぞ。それぞれに神つけるから、早う身魂磨いてくれよ、磨けただけの神をつけて、天晴《あっぱ》れ後の世に残る手柄立てさすぞ。

小さいことはそれぞれの神に聞いてくれよ、一人ひとり、何でも聞きたいことや、病治すことも、それぞれの神がするから、サニワでお告げ受けてくれよ、この方の家来の神が知らせるから、何でも聞けよ。病も治してやるぞ、この神頼りたなら、身魂磨けただけの神徳あるぞ。この世始まってない今度の岩戸開きざから、これからがいよいよぞ。とんだところにとんだこと出来るぞ。それはみな神がさしてあるのざから、よく気つけておれば、先のこともよくわかるようになるぞ。元の⦿代に返すと申すのは譬《たと》えでないぞ。

七から八から九から十から神烈しくなるぞ、臣民の思う通りにはなるまいがな。それは逆立ちしているからぞ。世界一度にキの国にかかりて来るから、一時は潰れたように、もうかなわんと言うところまでになるから、神はこの世におらんと臣民申すところまで、むごいことになるから、外国が勝ちたように見える時が来たら、神の代近づいたのぞ、いよいよとなりて来ねばわからんようでは御用出来んぞ。

（昭和十九年七月の二十日、ひつくのか三）

【解説】

この帖も四つの段落からなり、複数のテーマがある。最初の段落では「一二三《ひふみ》の仕組」と「三四五《みよいづ》の仕組」が登場するが、これは「ミロクの世」に至る三段階の神仕組のうちの初めの二つである。残りの一つは読者もご存じのとおり「五六七《みろく》の仕組」であるが、ここではまだ登場していない。示す順序と時期が必要なのであろう。

どちらの仕組も神経綸の中核をなすものであるが、本帖に書かれている部分だけでは、その全貌《ぜんぼう》を把握するのは無理である。

とはいえ一つ一つの積み重ねが大事であるから、ともかく要点だけは押さえておこう。

◉一二三《ひふみ》の仕組とは、永遠《とわ》に動かぬ道のこと。㋹祀りたら三四五の御用にかかる。

◉三四五《みよいづ》の仕組とは、みよいづの仕組。御代出づとは、㋹の御代になること。この世を㋹の国にねり上げること。

右のようにまとまるが、ここからわかるのはまず「一二三《ひふみ》の仕組」と「三四五《みよいづ》の仕組」には順番があり、先に来るのが「一二三《ひふみ》の仕組」であるということである。

その「一二三《ひふみ》の仕組」については、「永遠《とわ》に動かぬ道のこと」とあるが、これだけでは具体性に欠ける。

しかし、「**⦿祀りたら三四五の御用にかかる**」とあることから、「神祀り」が「一二三の仕組」の中心であると推測されるし、そうであれば岡本天明たちが奉仕した「神業」のほとんどは「神祀り」であったから、「**一二三《ひふみ》の仕組**」との関連性が明確になる。

そして「**三四五《みよいづ》の仕組**」であるが、こちらはやや具体的であって、「**三四五《みよいづ》の仕組＝みよいづ（御代出づ）の仕組＝⦿の御代への移行＝⦿の国へのねり上げ**」という等式にまとめることができる。

ここで言う「**⦿の御代**」と「**⦿の国**」とは紛れもなく「**ミロクの世**」を指し、要するに「**てんし様の世**」に移行する仕組だと述べていることになる。

重要なのは「**この世を⦿の国にねり上げる**」と明示されている点であり、何の苦労もなく単純に「ミロクの世」が来るということではないので注意していただきたい。

「ねり上げる」とは「練り上げる」ことであるから、当然厳しい試練が暗示されている（「一二三《ひふみ》の仕組」、「三四五《みよいづ》の仕組」、「五六七《みろく》の仕組」の全体的な解説については、拙著『ときあかし版』てんし様の章を参照されたい）。

第二段落と三段落は、「臣民の御役（＝役割）」について述べている。

まず「（臣民の）**御役いくらでもあるぞ**」とあるのは、あたかも人体細胞のように一つとして同じものがなく、しかもそれぞれが異なる役割を担っているように、臣民の数だけ「役割」があることと解される。

更に「**神様と臣民、同じ数だけある**」と示した上で、「**それぞれに神つける**」とあるのは、何度も述べている「神人一体、神人交流」を意味するであろう。

こうならなければ臣民の役割は果たせないのであり、だからこそ、ここでも「**早う身魂磨いてくれよ**」と促《うなが》しているのだ。

更に本帖では、「臣民に憑《か》かった神」がどのように「臣民を助ける」のか具体例が示されていて非常に興味深い。

「**小さいことはそれぞれの神に聞いてくれよ**」とあるとおり、個別・具体的なことはそれぞれの神に聞くように指示している。

「**何でも聞きたいこと**」や「**病治すこと**」もそれぞれの神がすると言う。

このように述べると、いかにも「便利屋的な神」が憑《か》かってくれるように思うかもしれないが、日月神示の神がそんなご利益《りやく》提供を目的として憑かるわけがないから勘違いしないでいただきたい。

「聞きたいこと」も「病を治すこと」も、「**身魂の磨けた程度**」に応じてしてくださるのである。

意地悪く聞こえるかもしれないが、例えば「この病気を治してください」と頼んだとしたら、神は間違いなく「それならば身魂をしっかり磨け。身魂が磨けただけ病《やまい》もよくなる。ただし、必ずしもこの世でよくなるわけではないぞ」という具合に答えるであろう。

正神の答えとはこのようなものである。繰り返すが便利屋的な神憑かりではないのだ。

もしそのような神であるなら、それは間違いなく「邪神、低級霊、動物霊」である。

しかし地上界の臣民にとっては、憑かる霊がどのような種類や霊格なのか簡単にはわかりようがないから、「**サニワでお告げ受けてくれよ**」と示しているのである。

これは重要なことであって、交霊に関わるときは審神《さにわ》が必須の要件であることを記憶しておくとよいだろう。

（注：サニワについては、五十黙示録《いせもくじろく》第四巻「龍音之巻《りゅうおんのまき》」にまとまった記述があるので参照されたい）


ここで注意を喚起しておきたいのは、「神が憑かる交霊現象」は大本《おおもと》から続いた岡本天明の時代の特徴であって、現代にもそのまま当てはまるということではない。

『岡本天明伝』には当時の交霊現象が詳しく紹介されていて実に興味深いが、それは「神憑かりの一側面」に過ぎず、時代の要請によるものと考えるべきである。

現代の我々が、このようなものに興味本位に関心を示すことは危険でさえある。

「真の神憑かり」とは、「神が憑かっている自覚さえない神憑かり」であって、ちょうど朝になって日が昇れば自然に目が覚めるのと同じようなものである。

目指すべき「神憑かり」はこちらでなければならない。

そしてそれは「身魂磨き」によってのみ可能になる。

最後の段落は、「立替えの大峠」に向かって世の中が行き詰まり、最後は「**日本（＝キの国）が世界中からかかられて**」潰《つぶ》れたようになることを述べていると、一応は解される。

冒頭の、「**七から八から九から十から神烈しくなるぞ、臣民の思う通りにはなるまいがな**」とは一見謎めいているが、「**それは逆立ちしているからぞ**」と併せて考えれば解ける。

即ち「逆立ち＝体主霊従、我《わ》れ善《よ》し」であるから、このような世は先に行くほど行き詰まり、反比例して正神の力が烈《はげ》しくなると述べているのである。

「**七から八から九から十から**」とは謎と言えば謎だが、要するに、物事の段取りが一から十まであるとしたら、一、二、三……のように初めのうちは「逆立ち」状態でもうまくいく（ように見える）が、後半の七、八、九、十になるほど思うようにいかなくなると解釈すればよいであろう。

ところでこの部分は、「大東亜戦争」にも見事に適合するのである。

「**七から八から九から十から**」とは「大東亜戦争後半～末期」と解釈することができるし、「**キの国**」である日本一国が連合国から攻められ、最後には原爆まで投下されて「**神はこの世におらんと臣民申すところまで、むごいこと**」になったからである。

しかし、「**外国が勝ちたように見える時が来たら、神の代近づいたのぞ**」とあるように、日本が大東亜戦争に負けたことで、神経綸上の最初の「岩戸が開き」、「ミロクの世」への重要なステップとなったこともまた事実なのである。

このように最後の段落は、「大峠」と「大東亜戦争」の両方が適合するように思われる。

こういうとき我々は、往々にしてどちらが正しいか決めつけたがるが、おそらくそれは無意味である。つまり、両方とも正しいと見るべきで、これは預言で言えば「両義預言（＝一つの預言に二つの意味を持たせるもの）」である。

神示には「**同じ事二度ある**」と示されているから、「大峠」と「大東亜戦争」は相似形の関係にあると考えたほうが神意に適《かな》っている。

勿論、「大峠」のほうがずっと大難には違いないが――。

第十五帖（五七）

この方祀りて神示書かすのは一所《ひとところ》なれど、いくらでも分け御魂《わみたま》するから、一人ひとり祀りてサニワ作りてもよいぞ。祀る時は、まず鎮守様、よくお願いしてから祀れよ。鎮守様は御苦労な神様ぞ、忘れてはならんぞ。

この神には鳥居《とりい》と注連《しめ》は要らんぞ。おいおいわかりて来るぞ、一二七七七七七忘れてはならんぞ、次の世の仕組であるぞ。身魂磨けば何事もわかりて来ると申してあろうがな、黙っていてもわかるように、早うなって下されよ、㋹の国近づいたぞ。

（昭和十九年七月の二十一日、ひつくのか三）

【解説】

冒頭の、「**この方祀りて神示書かすのは一所《ひとところ》**」とあるのは、日月神示を書かす（＝降ろす）場所が「一箇所」であるという意味で、これは間違いなく天明の住居でもある「奥山」を指すと思われる。

奥山が開かれるのは八月八日であるから、この神示が降りてから二十日近く後のことになるが、それ以降神示は「奥山」の御神前で降ろされることになる。

続いて「**いくらでも分《わ》け御魂《みたま》するから、一人ひとり祀りてサニワ作りてもよいぞ**」とは、神示を降ろすのは一所《ひとところ》限定だが、「この方」を祀るのは臣民一人一人の家に祀ってもよいという意味であろう。

キーワードは「**分《わ》け御魂《みたま》**」であって、神が明確に「**いくらでも御魂《みたま》を分ける**」と仰《おつしや》っていることに注目していただきたい。

「物質界」では絶対にそうはいかないが、「心霊界」の本性は波動であるから、いくらでも波のように広がっていくことができる。それこそ無限に広がることも可能であるから、「いくらでも御魂を分ける」のは何の造作《ぞうさ》もない。

ただ「心霊界での波の広がり」と言う場合、水面の波のように横方向に広がるイメージを持ちやすいが、実際は縦も斜めも全て含んで無限方向に広がるというのが真相であろう。

日月神示には「**一《いっ》神《しん》即《そく》多《た》神《しん》即《そく》汎《はん》神《しん》**」といういかにも神示らしい表現があるが、これは「世の元の大神様（＝絶対神、根元神）」の光が無限方向に広がって、多神となり汎神となって具象化（＝はたらく）するという意味であるから、この概念と「分け御魂」はよく合致する。

ちょうど「球体」の中心から前後上下左右あらゆる方向に立体的に波動が伝播《でんぱ》するイメージに似ている。

ちょっと意味不明であるのが、「**サニワ作りてもよい**」という箇所である。

「サニワ」とは普通「審神、審神者」という字を当て、神意を解釈して伝えること、またその人を言うが、「サニワを作る」では意味が通らないため別の意味があると思われる。

「サニワ」の語源は「清庭《さやにわ》」で、神を祀り神託を受けるための「清めた庭」から来ているとする説が一般的とされるが、ここで言う「サニワ」もこれと同様「祀るための清めた庭（場所）」だとすれば、一応意味は通じる。

とはいえこれは私の推測に過ぎず、他にもっと適切な解釈があっても不思議ではない。

「まず鎮守様、よくお願いしてから祀れよ」とは、**「分《わ》け御魂《みたま》」**を祀るときには必ずその土地の守護をなさっている**「鎮守様」**によくお願いすることを教え諭《さと》したものである。

「鎮守《ちんじゅ》様」も世の元の大神様のはたらきの一つである。

なお、その土地に関係の深い神には、「鎮守様」以外にも「氏神《うじがみ》様」や「産土《うぶすな》様」がおられる。

これら三神は、歴史的・民俗的に厳密な考察をすればそれぞれ違いはあるが、現在ではほとんど区別なく「土地の守護神」とされているから、ここでもそのように捉《とら》えてよいであろう。


次の段落に移って、最初の**「この神には鳥居《とりい》と注連《しめ》は要らんぞ」**とあるのは、「奥山」、「中山」、「一の宮」に神を祀る際は、一般の神社ならどこにでもある「鳥居」と「注連縄《しめなわ》」は不要であるという指示である。

ここに日月神示の神の祀り方が、神社神道とは全く異なる極めて重大な特徴が見られる。

確かに日月神示の神は、神示全編にわたって「鳥居」と「注連（縄）」は要らぬと示している。

第一帖の「（榛名山神業に）**鳥居はいらぬぞ**」とあったのも全く同じ趣旨である（鳥居と注連縄に関する詳細は、拙著『秘義編』第一章　我《が》で失敗《しくじ》った国常立大神を参照されたい）。

次に**「一二七七七七七忘れてはならんぞ、次の世の仕組であるぞ」**とあるのは、文字どおりこれが「次の世（＝ミロクの世）の仕組」であると解する以外になく、あれこれ理屈をこねても仕方がないであろう。

ただこれと関係するのが、第一巻「上つ巻」第十三帖に示されている「**元の人三人、その下に七人、その下に七七・四十九人……**」とあることで、「ミロクの世」では上の「三人（＝一人と二人、あ、や、わ）」が「一二」に該当し、その下に「七人を単位」とする様々な階層があるというのが原則であると考えられる。

第十六帖（五八）

智恵でも学問でも、今度は金積んでもどうにもならんことになるから、そうなりたら〇、を頼るよりほかに手はなくなるから、そうなってから助けてくれと申しても間に合わんぞ。イシヤの仕組にかかりて、まだ目さめん臣民ばかり。日本精神と申して卍《ぶつ》の精神や十《キリスト》の精神ばかりぞ。今度は神があるかないかを、ハッキリと神力見せて、イシヤも改心さすのぞ。⦿の国のお土に悪を渡らすことならんのであるが、悪の神渡りて来ているから、いつか悪の鬼ども上がるも知れんぞ。⦿の国ざと口先きばかりで申しているが、心の内は外国（幽界）人、沢山あるぞ。富士から流れ出た川には、それぞれ名前のついている石置いてあるから、縁ある人は一つずつ拾って来いよ、お山まで行けぬ人は、その川で拾って来い、御霊《みたま》入れて守りの石と致してやるぞ。これまでに申しても疑う臣民あるが、嘘のことならこんなにくどうは申さんぞ。因縁の身魂には

☉から石与えて守護神の名つけてやるぞ。

江戸が元のすすき原になる日近づいたぞ。てんし様を都《みやこ》に遷《うつ》さなならん時きたぞ。江戸には臣民住めんような時が一度は来るのぞ。前のような世が来ると思うていたら大間違いぞ。江戸の仕組済みたらカイの御用あるぞ。今にさびしくなりて来ると、この道栄えて、世界の臣民みな訪ねて来るようになるぞ。

(昭和十九年七月の二十一日の夜、ひつ九のか三)


【解説】

初めの段落で「**〇ゝを頼るよりほかに手はなくなる**」とは極めて重大な意味が含まれている。

(注:「〇ゝ」は原文では「☉」となっているから、おそらく単純なミスであろう)

今の世で大事な「知恵、学問、カネ」などは皆「ゝ」を忘れた「〇」の仕業《しわざ》であって、それがどうにもならんことになるから「ゝ」を頼るより他に手はなくなると仰《おつしや》っているのだ。

端的に言えば、悪神(〇)の世が行き詰まって元の神の光(ゝ)を取り戻さないとどうにもならなくなることだと言える。

私はこれが「一厘の仕組」の核心であると考えている。

つまり、「**〇にゝを入れる**」ことである。

二段落目の「**イシヤの仕組**」とは本帖に唐突に出てくるものだが、現在の日月神示信奉者や神示ファンの間では、「イシヤ」を「フリーメーソンやイルミナティなどの超国家的陰謀組織」とする説が定着しているようである。

そのような組織が実在し、何か闇に蠢《うごめ》く秘密めいた活動をしているという話は確かに面白いが、この帖による限りそんなにおいは微塵《みじん》も感じられない。

むしろ「**日本精神と申して卍《ぶつ》の精神や十《キリスト》の精神ばかりぞ**」とあるから、イシヤの仕組とは日本人が間違った「（外来の）宗教や思想」に染まっていることを指していると考えるべきではないか。

しかも「**イシヤも改心さすのぞ**」とあるのだから、「イシヤ」とは大きい意味で「悪神」または「悪神の仕組んだ罠」という意味になり、フリーメーソンなど特定の団体に「陰謀組織」というレッテルを貼って済む話ではない。

面白半分に「陰謀論」などに振り回されると、返って新しいメグリを積むことになるから注意していただきたい。

そんなことより自分自身の「身魂磨き」に精進するのがよほど大事である。

「**◎の国のお土に悪を渡らすことならんのであるが、悪の神渡りて来ている**」とは、「五度の岩戸閉め」の結果、神国日本に神の光が全く射し込まなくなったため、本来神国に住んではならない悪の神が渡ってきているという意味であろう。

「**心の内は外国（幽界）人、沢山あるぞ**」も、右の結果生じたことである。

要するに、神国日本は悪神に蹂躙《じゅうりん》されているのである。

三段落目の意味は、「**お山**（榛名山？）まで行けない」人は、「**富士から流れ出た川**（注）」から「**名前のついている石**」を拾ってくれば、それに「**御霊《みたま》入れて守りの石**」とするという神からの示しである。（注：黒川柚月氏の調査によれば相模川であったとされる）

この部分は当時の岡本天明と彼の同志たちに与えられた神示であって、現代の我々がいくら目を皿のようにして読んでも理解できるものではない。

『岡本天明伝』によれば、天明たちは実際に「石」を見つけて拾ってきたとある。この当時の「因縁の身魂」には、神業者《しんぎょうしゃ》の証《あかし》となる「物的証拠」が必要であったことが窺《うかが》える。

余談だが、天明たちの活動を何も知らない（知ろうともしない？）ある日月神示否定論者が、インターネット上に「誰か名前のついた石を拾ってきたと言うのか？　そんなことは聞いたこともないしあり得ない」という趣旨の文章を書き込んでいて、私はたまたまそれを読んだことがある。神示否定の論拠《ろんきょ》としたいのであろうが、これは岡本天明たちに実際にあった話なのである。

右の者は完全に墓穴を掘ったことになる。

最終段落の「**江戸が元のすすき原になる日近づいたぞ**」とは「大峠」の様相とも採《と》れるが、大東亜戦争末期、東京が百回以上の大空襲を受けて「焼け野原」になった事実とも完全に一致する。

特に昭和二十年三月十日未明の大空襲は、一度に十万人以上の一般人が虐殺《ぎゃくさつ》された凄まじいものであった。

よってこれは「大東亜戦争に関する預言」と考えてもよく、完全に成就した。

「てんし様を都《みやこ》に遷《うつ》さなならん時きたぞ」とは、「ミロクの世」になれば「てんし様（＝スメラミコト）」のお住まいを本来の場所（富士であろう）に遷《うつ》すこととも採れるが、実はもう一つ重要な解き方がある。

それは昭和二十年八月八日、天明たちが神示を受けて「てんし様」をこの地上界に奉斎《ほうさい》し、「てんし様降臨の型」を出したことである。

その場所とは「奥山」であり、当時の奥山は首都・東京にあった。

つまり「てんし様を都に遷す」とは、**「てんし様を神界から地上界の都（東京）に遷す（＝降ろす）」**という意味にも採れるのである。

このようにこの部分は二つの解き方があるが、おそらくどちらも正解である。

よって一つに絞る必要はなく、これを預言と考えれば「両義預言」ということになる。

最後の**「江戸の仕組済みたらカイの御用あるぞ」**とは、天明たちの「次の神業」に関する予告である。

「江戸の仕組」とは、東京に「奥山」、「中山」、「一の宮」を創建することであったが、それが終われば次は「**カイの御用（＝甲斐《かい》の御用）**」が控えていると仰《おつしや》っているのである。

このように、天明たちは神命を受けて次々に「神業（＝神の御用）」を果たしていくのであるが、それらは皆戦時中の御用であったから、天明たちの行動も困難を極めた。

人間心では、戦争が終わって平和な時代なってからやればよいのではないかとも思うところだが、神の仕組はその逆で、戦時中に成就させなければならなかったのである。

第十七帖（五九）

学や知恵では外国にかなうまいがな、神頼れば神の力出るぞ、善いこと言えば善くなるし、悪きこと思えば悪くなる道理わからんか。今の臣民口先きばかり、こんなことでは⦿の民とは申さんぞ。

天明は神示《ふで》書かす役ぞ。神の心取り次ぐ役ざが、慢心すると誰かれの別なく、替え身魂使うぞ。因縁のある身魂は、この神示見れば心勇んで来るぞ。一人で七人ずつ道伝えてくれよ、その御用がまず初めの御用ぞ。この神示通り伝えてくれればよいのぞ。自分ごころで説くと間違うぞ。神示通りに知らしてくれよ。我を張ってはならぬぞ、我がなくてはならぬぞ、この道難しいなれど、縁ある人は勇んで出来るぞ。

（昭和十九年七月二十一日、一二の⦿）

【解説】

冒頭の「**学や知恵では外国にかなうまいがな**」とは、当時の日本が外国（＝欧米）の文化や科学技術などには及ばないという意味であろう。

大東亜戦争の頃は、日本も欧米諸国に伍《ご》したレベルに達していたが、明治維新以降、日本が手本とし目標としていたのは欧米諸国であった。

しかし欧米の文化や科学技術などは、外国の「我れ善し、体主霊従」に基づくものであるから、もとより本物ではない。

故に神国日本には「**神頼れば神の力出るぞ**」と示されているのだが、「**今の臣民口先きばかり**」であるから、神に頼っても神の力が出ない状態にあることを指摘しているのだ。

「**天明は神示《ふで》書かす役ぞ**」とは、文字どおり、岡本天明の役割が「神示書かす（＝自動書記）」役であると示しているものだが、その天明を含め全ての役員に対して「**慢心すると誰かれの別なく、替え身魂使うぞ**」とあるから、「因縁の身魂」の使命が如何《いか》に厳しいかを窺《うかが》い知ることができる。

これは現代の我々にも重要な示唆《しさ》を与えてくれるものだ。

拙著『三部作』でも口を酸《す》っぱくして述べてきたが、日月神示を信じていれば安心だとか、或いは日本人だから「大峠」を無事に越せるなどという思い上がった気持ちを持っていたのでは、間違いなく「替え身魂」を使われる羽目になる。

次に「**一人で七人ずつ道伝えてくれよ**」と示されているが、これを単純に「義務」だと考えないでいただきたい。それではネズミ講のような単なる「信者集めの宗教」と何も変わらない。

この意味は、第十五帖に「**一二七七七七忘れてはならんぞ……**」に示されていたように、ミロクの世界の法則は「七」を基本とする階層組織になっていることから来ていると考えるべきだ。

つまりある「因縁の身魂」の下《もと》には「七人の因縁ある人々」がいるという意味で、誰でもよいからともかく「七人」に伝えることではない。

そのような身魂は、神が張り巡らせた「因縁の糸」を伝わって、時期が来ればそれこそ無自覚のうちに自然に集まってくる仕組になっている。

「**この神示通り伝えてくれればよいのぞ**」とは、どう解釈すればよいだろうか？

これを「神示に何の解釈・解説も加えずに、文字どおり伝えること」だとすると、この抽象的で難解な神示を理解できる人はほとんどいないということになるはずだ。

それは何よりも私自身がよく知っているし、読者も身に沁《し》みて感じているはずである。

それでなくても、「何の解釈・解説もせず」に拘《こだわ》るなら、これまで世に出た無数の「解釈・解説書」が何の意味も持たなくなるばかりか、神意に反していることにもなる。

無論私の本と同じであり、この解説書の執筆などただちに中止しなければならなくなる。

しかし私には、神がそのような極端なことを指示しているとはとても思えない。

この部分の真意は「**自分ごころで説くと間違うぞ**」とあるように、「**神心になって解釈して伝えよ**」と解すべきであると考える。

要は「**神意**」に適《かな》っていなければならないと言うことだ。

ではどうすれば「神心」になれるのか？

その答えは？　そう「身魂磨き」と「神祀り」に他ならない。


最後の、「**我を張ってはならぬぞ、我がなくてはならぬぞ**」という神示独特の逆説的表現は、それ自体に大きな密意《みっい》が秘められている。

これについては、第四帖にも「**我がなくてもならず、我があってもならず……**」と、本帖とほとんど同じ言い回しが出てきており、そこで必要な解説をしているのでここでは繰り返さない。第四帖解説をご覧いただきたい。

第十八帖（六〇）

この道は◉の道であり、人の道であるぞ。この道の役員は神が命ずることもあるが、己が御用

すれば、自然と役員となるのぞ、誰かれの別ないぞ、世界中の臣民みな信者ざから、臣民が人間ごころでは見当とれんのも無理ないなれど、このことよく腹に入れておいてくれよ。⦿の土出るぞ、早く取りて用意して皆に分けてやれよ。⦿に心向ければいくらでも神徳与えて、何事も楽にしてやるぞ。

（昭和十九年七月の二十三日、ひつ九のか三のふで）

【解説】

冒頭に「**この道は⦿の道であり、人の道であるぞ**」とあるが「**この道**」とは何のことだろうか？これは大きく捉えれば、「岩戸を開き、立替え・立て直しを経てミロクの世に至る道」と解することができる一方で、神が岡本天明たちに命じた「神業」そのものを指すとも考えられる。

当時の天明たちとすれば、おそらく自分たちの「神業」のことだと理解したはずである。

と言うのも、「**この道の役員は神が命ずることもあるが、己が御用すれば、自然と役員となるのぞ**」と示されているからである。

これには格好のサンプルがある。

まず「**神が命ずる役員**」で真っ先に思い出すのは「岡本天明」その人である。天明が日月神示の初発を取り次いだときの状況を想起していただければ話は早い。

昭和十九年六月十日、参拝を終えて麻賀多《まがた》神社の社務所で休んでいた天明の右手に突然激痛が走り、持参していた画仙紙《がせんし》に強制的に自動書記をさせられたあの状況である。

これなどは最もわかりやすい「神が命じた（それも有無を言わせない）役員」の例である。

また「**己が御用する役員**」の例としては、まず天明の同僚で神代文字《じんだいもじ》の研究をしていた鳩森八幡《はとのもりはちまん》神社の禰宜《ねぎ》・法元辰二《ほうがんたつじ》が該当する。

天明は当初、自分が自動書記した神示原本にあまり関心を示すことがなく、鳩森八幡神社の社務所に放置していたというが、法元辰二がそれを大変気に入り、きれいに筆写して三方《さんぼう》（＝神前にものを供えるときに使う器物）に収めて保存していたのである。

つまり彼がいなかったら、神示初期の貴重な原本が散逸《さんいつ》してしまっていた可能性が大いにあるのだ。そうなっては何もかも「元の木阿弥《もくあみ》」になってしまう。

まさに「神代文字」の研究者であった法元だったからこそ、「己が御用をした」と言い得るのである。

この他、神示解読（翻訳）に特に功績のあった高田集蔵《たかだしゅうぞう》や矢野《やの》シンなども「己が御用した身魂」であったと思われる。

彼らが神から「解読（翻訳）せよ」との厳命を受けたという話は聞いたことがない。

このように形の上では「神が命ずる役員」と「己が御用する役員」とがあるが、無論これはどちらが偉いとか立派とか言うものではなく、「因縁の身魂の御用の果たし方」の違いでしかない。

次に「**臣民が人間ごころでは見当とれんのも無理ないなれど**」という箇所は、神示の解読・解釈に重大な示唆を与えるものである。

端的に言ってしまえば、日月神示は「人間心では理解ができない（ものがある）」ということだ。

或いは人間の常識に沿った判断では間違ってしまうと言ってもよい。

私が『三部作』全編を通じて、「神の常識は人間の非常識」とか「矛盾、逆説の裏にこそ密意・神意がある」と主張してきた根拠もここにある。

だからこそ、「神心」になって「神意」を求めなければならないのであり、そのために必要なものが「身魂磨き」と「神祀り」なのである。


最後の「**⦿の土出るぞ**」とは何とも不思議な言い回しであるが、読者には、第一巻「上つ巻」第五帖で「**⦿の米が出て来る……**」と示されたことを思い出していただきたい。

土と米の違いはあるが、ここで言う「**⦿の土出る**」も同種の神示であろう。

それを「**早く取りて用意して皆に分けてやれよ**」とあるが、これはどういう意味だろうか。

一つには「神業」に対する証《あかし》であり、状況証拠としての意味があるであろう。これは常識的にわかる。

それともう一つ推測されるのが、将来の絶対的な「食料不足（欠乏）」に供えて「土が食べられる」という教示を残す意味があったのではないかと思われる。

五十黙示録《いせもくじろく》第三巻「星座之巻」第十七帖に、「**土のまんじゅうと申してあろう、土が食べられる**

と申してあろう、土から人民を生んだと申してあろう」という神示があるように、いざとなれば土が食べられると示されている。

しかし、実際にそんなことがあるのかと、読者は不審に思われるかもしれないが、これは事実である。黒川柚月氏によれば、「御土（＝⦿の土）」とは地中三尺下の「粘土質の土」のことで、これは完全無菌状態で極めて清潔であると言う。

「粘土食」として食用になるのは勿論、御土を水に溶いて打ち身の腫《は》れや火傷《やけど》の腫れの部位に塗りつけても効果があるとされる。

更に注目されるのは、御土には粘土の持つ吸着特性から解毒《げどく》・解熱《げねつ》作用があるということで、体内に入った放射性物質を体外に排出する働きがあると考えられていると言う。

天明は「千葉時代（＝「奥山」を千葉に遷《うつ》した時期、昭和二十二～二十八年頃）」に、御土を集めてきてそれを同志たちに配ったと言うが、どこから入手したかまでは伝わっていない（日本弥栄の会『玉響』Ｎｏ２１７より）。

第十九帖（六一）

苦しくなりたら何時《いつ》でもござれ、その場で楽にしてやるぞ、⦿に従えば楽になって、逆らえば苦しむのぞ。生命《いのち》も金もいったん天地へ引き上げてしまう知れんから、そうならんように心の洗濯第一ぞと申して、くどく気つけていることまだわからんか。
（昭和十九年七月の二十三日、一二のか三）

【解説】

読者は右の「**苦しくなりたら何時《いつ》でもござれ、その場で楽にしてやるぞ**」という神の言葉をどのように理解されるだろうか。

これを「神が自分の苦しみを取ってくれる」などと単純に考えないでいただきたい。日月神示の神がそんな安請《やすう》け合《あ》いをするわけがないことは、ここまで読んでこられた方なら十分におわかりのはずだ。

私は「**楽にしてやる**」という意味を、メグリとの闘いで苦しむ臣民を、親である神がその大きな御胸《みむね》に抱き締めて慰め励まし、またメグリ取りのヒントを授けて再び立ち上がらせるため「神のキ」を与えてくださることだと理解している。

例えて言えば、小さな子供が何か辛《つら》いことがあって泣いて帰ってきたとき、親がその子を胸に抱き締めて励まし、再び奮い立つ勇気を喚起させるようなイメージだろうか。

神と人はまさに親と子である。

次の「**ゝに従えば楽になって、逆らえば苦しむのぞ**」というのも、神が脅しをかけているのではないから注意していただきたい。

「**⦿に従う**」とは、「身魂」を磨きながら目指す「霊主体従」への道であるから、先に行くほど楽になるのに対し、「逆らう」とは正反対の「我れ善し、体主霊従」の道のことである。

「我れ善し」の道を歩めば、先に行くほど行き詰まり苦しくなるのは当然であって、それは今の世を見れば歴然としているではないか。

「**生命《いのち》も金もいったん天地へ引き上げてしまう知れんから**」とは、来《きた》るべき「大峠」の最終的な様相である。このとき全ての人類は一旦死に絶え（＝肉体死）、その後、身魂が磨けた臣民を神が拾い上げて「ミロクの世」の臣民にするとされている（第三巻「富士の巻」第十九帖）。

身魂が磨けていない者は、脱落するしかない哀れな末路となる。

よって神はここでも、何度も何度も「**心の洗濯第一（＝身魂磨き、メグリ取り）ぞ**」とくどいほど諭《さと》しているのである。

第二十帖（六二）

上《うえ》、中《なか》、下《した》の三段に身魂をより分けてあるから、⦿の世となりたら何事もきちりきちりと面白いように出来て行くぞ。⦿の世とは⦿の心のままの世ぞ、今でも臣民⦿ごころになりたら、何で

も思う通りになるぞ。臣民近欲《ちかよく》なから、心曇りているからわからんのぞ。

今度の戦は神力と学力のとどめの戦ぞ。神力が九分九厘まで負けたようになった時に、まことの神力出して、グレンと引っ繰り返して、⦿の世にして、日本のてんし様が世界まるめて治《しろ》しめす世と致して、天地神々様にお目にかけるぞ。てんし様の光が世界の隅々まで行きわたる仕組が三四五の仕組ぞ、岩戸開きぞ。

いくら学力強いと申しても、百日の雨降らすこと出来まいがな。百日雨降るとどんなことになるか、臣民にはわかるまい。百日と申しても、⦿から言えば瞬《また》きの間ぞ。


（昭和十九年七月二十三日、ひつ九の⦿）

【解説】


第一段落の、「**上《うえ》、中《なか》、下《した》の三段に身魂をより分けてあるから、⦿の世となりたら何事もきちりきちりと面白いように出来て行くぞ**」とは、おそらく「ミロクの世」における臣民の霊性・霊格《れいかく》の程度に応ずる階梯《かいてい》区分と、それに伴う役割のことであると考えられる。

「**上《うえ》、中《なか》、下《した》の三段に身魂をより分け**」とあるが、これは何も神が意図的に差をつけようとしているのではなく、臣民それぞれの霊格に応ずる大きな階梯区分が「上、中、下」に分かれているという意味だと思われる。

注意すべきは、上は偉くて下は偉くないというような人間社会の「差別化」とは全く異なるということだ。

「⦿の世となりたら何事もきちりきちりと面白いように出来て行くぞ」とあるように、「ミロクの世」では全ての身魂が人体細胞のように適材適所を得て、十全に働くのである。

ただそのことが、**「臣民近欲《ちかよく》なから、心曇りているからわからん」**のである。

真中《まなか》の段落には極めて重要な内容が書いてある。

私に言わせれば、日月神示の中でも核心的に重要なものの一つである。

言うまでもなくそれは、**「神力が九分九厘まで負けたようになった時に、まことの神力出して、グレンと引っ繰り返して、⦿の世にして、日本のてんし様が世界まるめて治《しろ》しめす世と致す」**という箇所だが、中でも「**日本のてんし様**」と明記されているのは特筆すべき重要度を持つ。

私は自分の『三部作』の中で「てんし様」について何度も説明してきたが、そのエキスがここにあるのだ。

「日本のてんし様（＝スメラミコト）」であるからこそ、**「日本が神国（＝スメラの国）」**なのであり、その国民が**「真《まこと》の日本人（＝スメラの民）」**なのである。

スメラミコト、スメラの国、スメラの民、この三つは神国日本以外には存在しない。

このことは、どれほど強調しても強調しすぎることがないほど重要である。

どうか読者諸氏はしっかりと肚《はら》に入れていただきたい。

なお「**てんし様の光が世界の隅々まで行きわたる仕組が三四五の仕組ぞ**」とあるのは、第十四帖で解説した「**三四五《みよいづ》の仕組**」と同じことであるから、ここでの説明は省略する。

ところでここに「**神力が九分九厘まで負けたようになった時に、まことの神力出して**」と書かれているが、読者は神が何故《なぜ》そんな面倒なことをするのかと思われないだろうか？

つまり、どうせ最後に勝つのなら何も九分九厘まで負ける必要などなく、さっさと悪神をやっつければ済むという発想である。

皮肉っぽく言えば、神がまるでカッコつけているようにも見える。

これに対する私の答えは、「九分九厘まで負けなければ、最後の一厘が発動しない」ということである。

神（＝正神）がカッコつけているのではない。最後の一厘は悪神には絶対に知り得ない仕組だと説明してきたが、それが発動する条件が「悪神の力を全て出し切る」ことなのである。

悪神が全ての力を出し切った（＝正神が九分九厘負けたようになった）とき、最後の最後に悪神が絶対に知り得ない「一厘の秘密」が発動する仕組なのである。

そこで「**まことの神力出して、グレンと引っ繰り返して、⦿の世にする**」と言うのだから、そのとき、悪神もまた「一厘の仕組」によってグレンと引っ繰り返り、元の正神に立ち返るのである。同時に、悪神が自らが演じてきた「悪の御用」の意味を悟《さと》ることになる。

これを「**善も悪も共に抱き参らせる**」仕組と言うのである。

では、その「一厘の仕組」とは何か？　ということになるが、それは「**〇に丶を入れて⦿にする**」ことである。悪神は「〇」で表されるから「丶」を持っていないし、絶対に知り得ない。

ところが「〇」に「丶」が入れば「⦿」になるから、この段階で悪神は悪神として存在できず、元の正神に変わってしまうのである。

そうなるための条件が、前述の「神力が九分九厘まで負けたようになる」ことであり、勝利を確信した悪神が最後のとどめを刺そうとしたとき、⦿の丶が悪神の中心に入る仕組なのである。

文章での説明はこのようになるが、おわかりいただけただろうか？

最後の段落に移って、「**百日の雨降らす**」という一節が出てくるが、これは「大峠」における「超異常気象」とでも言えばよいのだろうか？

全体の文意からして明らかに「連続して百日降る雨」と思われ、一年間で百日などという生易《なまやさ》しい現象ではなさそうである。

「**どんなことになるか、臣民にはわかるまい**」とあるとおり、想像もできない超大水害が引き起こされるのであろう。聖書の「ノアの大洪水」も真っ青と言うことか。

第二十一帖（六三）

、ばかりでもならぬ、◯ばかりでもならぬ。⦿がまことの⦿の元の国の姿ぞ。元の⦿の国の臣民は⦿でありたが、、が⦿の国に残り、◯が外国で栄えて、どちらも片輪となったのぞ。、もかたわ、◯もかたわ、、と◯合わせてまことの⦿の世に致すぞ。今の戦は、、と◯との戦ぞ、⦿の最後の仕組と申すのは、◯に、入れることぞ。◯も五ざ、、も五ぞ、どちらもこのままでは立ちて行かんのざ。一厘の仕組とは◯に⦿の国の、を入れることぞ、よく心にたたみておいてくれよ。⦿は十柱、五十九柱のからだ待ちているぞ。五十と九柱のみたまの⦿⦿《かみがみ》様お待ちかねであるから、早う参りてくれよ。今度の御役大層であるが、末代残る結構なお役であるぞ。

（昭和十九年七月二十四日、一二のか三）

【解説】

最初に本帖に出てくる「片輪、かたわ」という言葉は、現代では身体の不自由な人に対する「差別的表現」とされている点を指摘しておきたい。

この言葉は「不完全」という意味で用いられていることは疑う余地がないが、日月神示にこのような言葉が登場するのは、当時（＝昭和十九年）の時代性によるものである。

大東亜戦争当時は、今のような人権擁護《ようご》思想とか制度は何もなかったのである。日月神示に人権差別の思想などあるわけがなく、もし現代の人権思想を盾《たて》に取って神示を批判しようとする人がいれば、それは全く無知・無意味であり的外れである。

本書では、それが日月神示原文の訳語であるので、そのまま使用している。

なお神示には「片輪、かたわ」以外にも、「盲」、「聾」といった、読み方によっては「差別的表現」となる用語が出てくることを指摘しておきたい（第四巻「天つ巻」第二十四帖など）。「盲」は「もう」、「聾」は「ろう」と読むのが現代の主流であって、「めくら」、「つんぼ」は差別的表現とされるから注意していただきたい。

本論に戻って、本帖は前帖と同様、日月神示全体の中でも核心的に重要なものの一つである。何故ならば、ここで初めて「**一厘の仕組の解き明かし**」が述べられているからである。

右の神示は、「ゝ、◯、⦿」の三つの記号のオンパレードであって少しわかりにくいが、よく読めば大意はつかめるはずである。

まず「世の元の神国」と「その国の臣民」は共に「⦿」で表されるが、何らかの理由で「ゝ」と「◯」が分離してどちらも片輪（不完全）になってしまった。

そうすると「**ゝも五**」、「**◯も五**」であってこのままでは立ち行かないから、「**⦿の最後の仕組**」を発動し、「◯」に「ゝ」を入れて「⦿」にすると述べているのである。

要は、五（ゝ）と五（〇）を足して十（⦿）にするということである。

そしてこの「**⦿の最後の仕組**」こそが「**一厘の仕組**」だと明言しているが、これを等式化すると次のようになることがおわかりだろう。


「ゝ」＋「〇」＝「⦿」

まさにこれが「**一厘の仕組**」を表している等式である。


中身を見ていくと、まず「**今の戦はゝと〇の戦ぞ**」とあるが、「今（＝昭和十九年七月当時）の戦」とは「大東亜戦争」のことであるから、ゝは日本、〇は外国（＝連合国）という図式になる。

霊的視点で見れば、当然のことながらこの戦の結果が「一厘の仕組」の成就に繋《つな》がるものでなければならないから、地上世界の戦の結果としては、外国（＝〇）が九分九厘まで勝ちを収めることになり、反対に「ゝ」である日本は完膚《かんぷ》なきまでに打ち負かされる必要があった。

そして実際の歴史もそのとおりになったのであり、これが第十二巻「夜明けの巻」第十四帖で、日本が原爆を落とされ戦争に負けたことを、神が「**あら楽し、すがすがし……待ちに待ちにし岩戸開けたり**」と大喜びする神示の降下へと繋がっていくのである。

もっとも「一厘の仕組」が完全に成就するのは、次の「大峠」のときである。

大東亜戦争はその前段階であり、ここでの「一厘の仕組」とは「ヽ」の中核となる**「てんし様（=スメラミコト、真正天皇）」**が降臨されたことであった。

何故ならば、**「てんし様よくならんうちは、誰によらん、よくなりはせんぞ」**と神示にはっきりと示されているからである（第十四巻「風の巻」第九帖）。

「ミロクの世」が来る前段階として、必ず「てんし様」が「よくなって（=本来の御神力が復活されて）」いなければならないのである。

従って日本は大東亜戦争に負けはするが、その結果、「てんし様がよくなる」という**「三四五《みよいづ》の仕組」**に移行していくのである（その時点で「一二三の仕組」は終了する）。

後半の、**「五十と九柱のみたまの⦿⦿様《かみがみ》お待ちかねであるから、早う参りてくれよ」**とあるのは、神が御用に使う「五十九の身魂（=臣民）」を早く集めるという宣言である。

その身魂の役割とは**「末代残る結構なお役」**であると言うが、「末代残る」のは「ミロクの世」であって「この地上界」ではないことに注意されたい。

立替え、立て直される地上界に、いくら名を残しても何の意味もない。

これを裏づけるように、岡本天明や彼の同志たちの**「お役（=神業）」**は、現代の日本人には全くといってもよいほど知られていない。

しかし神はしっかりとご覧になって全てをご存じであるから、「ミロクの世」になったときは文字どおり「末代残る結構なお役」を果たしたとして顕彰《けんしょう》されるに違いない。

※補足

なお本帖に関連するテーマとして、「イザナギ・イザナミ神の離別（＝最初の岩戸閉め）と再結（＝岩戸開き）」、「スメラとユダヤ」、「善と悪の御用」、「日の霊人と月の霊人」などがある。

これらはどれも極めて重要なもの（テーマ）ばかりである。

日月神示はこれらのテーマが組み合わされて、壮大な世界観が構成されており、読者にはそこまで理解していただきたい。ただ本書の性質上、そこまで述べる紙幅はない。

これについては拙著『奥義編』第四章　スメラとユダヤに詳述しているので、是非《ぜひ》参照していただきたい。極めて重要なテーマである。

第二十二帖（六四）

岩戸開く仕組知らしてやりたいなれど、この仕組、言うてはならず、言わねば臣民にはわからんし、⦿苦しいぞ、早う⦿心になりてくれと申すのぞ、身魂の洗濯急ぐのぞ。

アイカギ　、◯⦿　コノカギハ　イシヤト　シカ　テ　ニギルコトゾ　一二⦿

（昭和十九年七月の二十八日）

【解説】

本帖は短いが大変謎めいている。

冒頭の「**岩戸開く仕組**」とは、広い意味では前帖で述べた「**一厘の仕組**」と捉えることもできるが、それならば何も「**この仕組、言うてはならず**」とはならないわけで、神意は別にあるようだ。

ではそれは何か？

本帖が降ろされた時点では勿論明らかにされていないが、実は神が「**岩戸が開いた**」と宣言したとき、地上界で何が起こったかを手掛かりとして調べてみればわかる。

ここまで述べれば、明敏な読者にはおわかりだろう。

それは昭和二十年八月六日に降ろされた「**岩戸開きのはじめの幕開《あ》いたばかりぞ**」という神示（第十二巻「夜明けの巻」第十一帖）と、同年八月十日の「**あら楽し、すがすがし……待ちに待ちにし岩戸開けたり**」と示された神示（同第十四帖）の二つである。

前者は「広島への原爆投下」を、後者は昭和天皇のご聖断による「連合国への降伏決定（＝敗戦）」を指す。

これを承知した上で、右の帖の「**この仕組、言うてはならず、言わねば臣民にはわからんし、㋹苦しいぞ**」を読めば、何故神が（その時点では）言えないのか理解できるであろう。

つまり日本が原爆を落とされ、戦争に負けて地獄の底に叩き落とされることが「岩戸開き」なのであるから、戦時体制下の当時、そんな内容を公表できるわけがないからである。
もしそのことを戦時中に発表していたら岡本天明たちは「国賊、非国民」として特高（＝特別高等警察の略称。明治末期から大東亜戦争終了まで存在し、主に思想犯などを取り締まった秘密警察）に逮捕されてしまったであろうし、日月神示自体も没収・発禁となり、二度と日の目を見ることはなかったであろう。

大東亜戦争の時代は、こういう事情があったのである。

だからこそ、**「早う⦿心になりてくれと申すのぞ、身魂の洗濯急ぐのぞ」**が重要になってくる。この大矛盾、大逆説の密意を理解するには、人間心では到底叶《かな》わないからである。

最後の「カタカナ」の部分は、そのまま読めば**「イシヤと手を握ることがカギである」**という意味になるから一応意味は通るが、実はこの部分の「原文」は、普通には全くこのようには読めない代物《しろもの》である。

大事なところなので、左に原文を掲げる。読者も解読（翻訳）に挑戦してみていただきたい。

【原文】

二三　三　二二、〇⦿　二五五五二一二二六一　一二三二八一四五　三二三四四五二
二二九三二五四　五三五　一二⦿　七かつの二十八二ち

右の原文はほとんど漢数字ばかりであるが、これにどんな日本語を当てはめれば「イシヤと手を握ることがカギ」になるのか全く理解できない。

『岡本天明伝』によれば、先の「カタカナ」訳は、天明の同志であった霊能者・矢野シンが、大正六年、四国の金刀比羅宮《ことひらぐう》を参拝したときに霊耳で聞いた啓示であり、天明はそれを神示訳文として採用したという。

とはいえ、何とか読もうとしても原文と訳文が全く一致しないことは事実であり、別の翻訳があってもおかしくはないと思われる。

というわけで、この部分は今も謎のままである（本帖の解説は『奥義編』第四章　スメラとユダヤにも詳しく記述している）。

第二十三帖（六五）

世が引っ繰り返って元の神世に返るということは、⦿⦿《かみがみ》様にはわかっておれど、世界ところどころにそのこと知らし告げる神柱《かみはしら》あるなれど、最後のことはこの⦿でないとわからんぞ。この方は天地をキレイに掃除して、天の大神様に御目にかけねば済まん御役であるから、⦿の国の臣民は⦿の申すようにして、天地を掃除して、てんし様に奉らなならん御役ぞ。

江戸に⦿早う祀りてくれよ。仕組どおりにさすのであるから、臣民我を去りてくれよ。この方祀るのは天のひつくの家ぞ。祀りて秋立ちたら、⦿いよいよ烈しく、臣民の性来《しょうらい》によって、臣民の中に神と獣とハッキリ区別せねばならんことになりて来たぞ、神急けるぞ。

（昭和十九年七月の三十日、ひつくのか三）

【解説】

前半は「**預言**」の本質について述べた重要な内容である。

「**世が引っ繰り返って元の神世に返るということは、⦿⦿《かみがみ》様にはわかっておれど**」とある部分は、いわゆる巷《ちまた》に氾濫《はんらん》する「終末預（予）言」のルーツがここにあることを示している。

「世の元の神」ではない神々でも「この世が終わって元の神世になる」ことは知っているから、古今東西津々《つつ》浦々《うらうら》、いつの時代でもまたどこに行っても「終末預（予）言」は存在しているし、「**世界ところどころにそのこと知らし告げる神柱《かみはしら》**」も存在しているのである。

ここで言う「そのこと知らし告げる神柱」とは、紛れもなく「預言者」のことである。

ところが、である。

「**最後のことはこの⦿でないとわからんぞ。この方は天地をキレイに掃除して、天の大神様に御目にかけねば済まん御役である**」と示されているように、預言成就の決定権を握っているのは「**この方（＝国常立大神）**」だけであり、しかもそれは「**天の大神様（＝創造神、根元神）**」から与えられた使命であると明言している。

私が『三部作』の中で日月神示こそ「最高最大の預言書」であると主張し、また「国常立大神」を「岩戸開きの総大将、総司令官」と呼んできた理由がここにある。

更に「**⦿の国の臣民は⦿の申すようにして、天地を掃除して、てんし様に奉らなならん御役ぞ**」とあるが、これが「**国常立大神の御役**」と「対《つい》」になっていることに気づいていただきたい。

国常立大神は「天の大神様」に、臣民は「てんし様」に、それぞれ「天地を掃除して奉る」ことが使命だとされているのである。

即ちここにこそ、地上世界の「臣民の臣民たる存在意義」があるのだ。

（注：なお「預言」と「予言」は根本的に異なるものである。ここでその詳細を述べる紙幅はないので、興味のある方は拙著『秘義編』第一章　我《が》で失敗《しくじ》った国常立大神を参照されたい）

後半の「**江戸に⦿早う祀りてくれよ**」とあるのは、岡本天明たちに「江戸の仕組（＝奥山、中山、一の宮の創建）」を指示したものである。

この神示の日付は「七月三十日」であるが、「江戸の仕組」は八月八日（立秋）から開始されている。

ここで「**臣民我を去りてくれよ**」とあるのは、大事な仕組を前にして、天明と同志たちに「人間心」であれこれ詮索《せんさく》したり或いは疑ったりせずに、素直に神の言うことを聞けという戒めであろう。

いくら「因縁の身魂」であっても、神から一方的に指示され、自腹を切って（＝自費をはたいて）戦時中に神業奉仕するのであるから、ときとして愚痴《ぐち》の一つも言いたくなるだろうし、いつも神に対して素直にばかりはなれなかったであろう。

これは生身の人間としては当然の思いであって、何の不思議もない。

我々が天明たちの立場であったら、何の文句も言わずに神業一筋に奉仕できたであろうか？

私にも自信がない。

次の「**祀りて秋立ちたら、㋜いよいよ烈しく……**」の「秋立ちたら」とある部分は間違いなく「立秋」を指すが、これには二つの解釈が可能である。

まずは、昭和十九年八月八日（立秋）に、岡本天明の住居でもある「奥山」に初めて神（＝天之《あめの》日津久神《ひつくのかみ》）を祀ったことである。いわゆる「江戸の仕組」の一環であるが、これが一つ。

そしてもう一つは、その一年後の昭和二十年八月八日（立秋）、「奥山」に今度は「てんし様（＝スメラミコト、真正天皇）」を祀ったことである。

両方とも「祀りて秋立ちたら」にピタリと適合する。

ちなみに昭和天皇に「てんし様」の御神霊が降りて、天皇自らのご聖断により、連合国が日本に突き付けたポツダム宣言を受託して「降伏」することが決まったのは、立秋からたった二日後の八月十日であった。

この後終戦となるが、神の仕組は途切れることなく「一二三《ひふみ》の仕組み」から「三四五《みよいづ》の仕組」に突入し、「てんし様（＝昭和天皇）」の活動がいよいよ活発になっていくのは歴史の事実である。

このように、**「祀りて秋立ちたら、㋹いよいよ烈しく……」**という短い一節には、二つの「立秋」に絡む意味が込められているのである。

どちらが欠けても神仕組は成り立たない。

最後の**「臣民の性来《しょうらい》によって、臣民の中に神と獣とハッキリ区別せねばならんことになりて来た」**とあるのは、臣民の「身魂磨き、メグリ取り」の結果（＝進み具合）によって、その臣民が「神（神人）」になるか「獣」になるかハッキリと分かれるという意味である。

しかも今回が最後のチャンスであって、やり直しは二度とないことをくれぐれも忘れないでいただきたい。

第二十四帖（六六）

一が十にと申してありたが、一が百に、一が千に、一が万になる時いよいよ近づいたぞ。秋立ちたらスクリと厳しきことになるから、㋹の申すこと一分一厘違わんぞ。改心と申すのは、何もかも神にお返しすることぞ、臣民のものというもの何一つもあるまいがな、草の葉一枚でも㋹のものぞ。

（昭和十九年七月の三十日、ひつくのか三）

【解説】

冒頭の「**一が十にと申してありたが、一が百に、一が千に、一が万になる時いよいよ近づいたぞ**」は具体的説明がないので推測するしかないが、おそらくこれは、「因縁の身魂」一人一人の力は小さいように見えても、身魂を磨き神を祀って「神人一体」となればそこに神の力が加わるから、それが百倍、千倍、万倍にもなって、大きなはたらきに結び付くという意味であろう。

またここでも「**秋立ちたらスクリと厳しきことになる**」とあって、前帖と同様、八月八日の「立秋」が神仕組と深い関係があると示されている。

「**改心と申すのは、何もかも神にお返しすることとぞ、臣民のものというもの何一つもあるまいがな、草の葉一枚でも㋱のものぞ**」とは、読んだとおりの意味である。

特に解説が必要なほど難解な文章ではない。

ただこれを「頭」で理解しただけでは、理想と現実の間で苦しむのがオチである。

誰だって自分のものは惜しいし大切であるから、「臣民のものは何一つない」と言われても、すぐに「はい、わかりました」などと言えるものではない。

全てが「神のもの」であり、自分はただ借りているだけ、使わせてもらっているだけであることをしっかりと理解し肚《はら》に収めるには、相応の期間が必要であろう。焦らずに「身魂磨き」と「神祀り」に精進することである。

第二十五帖（六七）

今度の戦《いくさ》で何もかも埒《らち》ついてしまうように思うているが、それが大きな取り違いぞ、なかなかそんなチヨロコイことではないぞ、今度の戦で埒つくくらいなら、臣民でも致すぞ。今に戦も出来ない、動くことも引くことも進むことも、どうすることも出来んことになりて、臣民は神がこの世にないものと言うようになるぞ、それからがいよいよ正念場ぞ、まことの神の民と獣《けもの》とをハッキリするのはそれからぞ。

戦出来る間はまだ⦿の申すこときかんぞ、戦出来ぬようになりて、初めてわかるのぞ、神の申すこと、ちっとも違わんぞ、間違いのことなら、こんなにくどうは申さんぞ。⦿は気《け》もない時から知らしてあるから、いつ岩戸が開けるかということも、この神示《ふで》よく読めばわかるようにしてあるぞ、改心が第一ぞ。

（昭和十九年七月二十日、ひつくのか三のふで）

【解説】

冒頭に「**今度の戦《いくさ》で何もかも埒《らち》ついてしまうように思うている**」とあるが、そのように「思うて」いるのは、神業に携わっている岡本天明たち以外には考えられない。

おそらくこの当時の天明たちは、大東亜戦争が終われば短期間で「岩戸」が開き、すぐにでも「ミロクの世」が到来すると信じていたのではないか。

しかし「**それが大きな取り違いぞ、なかなかそんなチョロコイことではないぞ**」とあるから、天明たちの思っていたことは完全な取り違いだったことになる。

「**今度の戦（＝大東亜戦争）で埒つくくらいなら、臣民でも致すぞ**」とあるから、大東亜戦争の後に「ミロクの世」が来るのなら、神の力など不要であって、それこそ臣民だけでできることだと釘を刺されている。

要するに、大東亜戦争などはまだまだ「**チョロコイ**」のであって、「大峠」とは比較にならないと述べているのである。

その「大峠」は、「**今に戦も出来ない、動くことも引くことも進むことも、どうすることも出来んことになりて、臣民は神がこの世にないものと言うようになる**」ほど凄まじいものになるのであるが、「**それからがいよいよ正念場**」なのである。

その「正念場」で何が起こるかと言うと、それは「**まことの神の民と獣《けもの》とをハッキリする**」ということに他ならない。

この意味は極めて重い。

何故ならばそこが「身魂磨き、メグリ取り」のゴール地点であり、神が臣民を「**神の民**」と「**獣**」にハッキリ分けるからである。

誤解を恐れずに言えば、「ミロクの世に行ける者」と「地獄に堕《お》ちる者」とに選別されるということであって、しかも今回は絶対にやり直しのきかない最後の時節なのである。

それもこれもすべては「身魂磨き」の結果次第であり、全ては自己責任に帰する。

「**戦出来る間はまだ㋹の申すこときかんぞ、戦出来ぬようになりて、初めてわかるのぞ**」とは、大東亜戦争では埒がつかないことを別の表現で述べたもので、本番の「大峠」では戦がしたくてもできないほど何もかもが酷《ひど》い有様《ありさま》になるという意味であろう。

神はこのような大事を「**気《け》もない時から知らしてある**」と仰《おっしゃ》っているから、神示を読んだ天明たちもすぐには信じられなかったであろう。およそ想像もできない事態なのだから無理もない。

それは私にもわかるような気がする。

しかし「**いつ岩戸が開けるかということも、この神示《ふで》よく読めばわかるようにしてある**」とあるから、とにかく神示をよく読むことが神意に迫る王道であり、それ以外にはないことを知らなければならない。

第二十六帖（六八）

⦿の国を真中《まなか》にして世界分けると申してあるが、⦿祀るのと同じやり方ぞ。天《あめ》のひつくの家とは天のひつくの臣民の家ぞ。天のひつくと申すのは天の益人《ますひと》のことぞ。江戸の富士と申すのは、ひつくの家の中に富士の形作りて、その上に宮作りてもよいのぞ、仮でよいのぞ。こんなにこと分けてはこの後は申さんぞ。小さいことは審神《さにわ》で家来の神々様から知らすのであるから、そのこと忘れるなよ。仏《ぶつ》も耶蘇《やそ》も、世界中まるめるのぞ。喧嘩《けんか》して大き声するところにはこの方鎮まらんぞ、このこと忘れるなよ。

（昭和十九年七月の三十一日、一二⦿）

【解説】

この帖は大部分が岡本天明たちに宛てたものであるから、現代の我々がただ読んだだけではほとんど意味が採れないものである。まずそのことを承知しておいてもらいたい。

「**⦿の国を真中《まなか》にして世界分けると申してあるが、⦿祀るのと同じやり方ぞ**」とあるが、これはまず「ミロクの世」では神国日本が世界の中心であり、その周囲に外国が収まるという意味であって、そのカタチは天明たちが「**⦿祀る**」カタチと同じであると述べているのである。

第十三帖に「**日本は別として、世界七つに分けるぞ**」とあったが、基本的にはこれと同じカタチであると思われる。

つまりここで言う「⦿祀るカタチ」とは、岡本天明たちが神から指示された具体的な「神の祀り方」のことであるから、これは「ミロクの世の地上世界版」とでも言えるだろう。

即ち裏読みすれば、天明たちの「神祀り」とはミロクの世の「型出し、型示し」とも言い得るのである。

「**天《あめ》のひつくの家とは天のひつくの臣民の家ぞ**」とあるが、「**天《あめ》のひつくの臣民の家**」とは岡本天明たち「因縁の身魂」の家を指すと思われる。

「**天の益人《ますひと》**」とは一般には神道の祝詞《のりと》用語であって、「民《たみ》、人民」を意味するが、日月神示の場合は単なる民や人民ではなく、あくまで「神の御用に使う身魂（＝真《まこと》の日本人、スメラの民）」という意味合いを包含していると考えるべきである。

また「**江戸の富士と申すのは、ひつくの家の中に富士の形作りて、その上に宮作りてもよいのぞ、仮でよいのぞ**」とある部分は、天明たちの家（または庭）に「富士の形（＝富士塚）」を作って、それを「御神体」とし、その上に「お宮」を建ててもよいという示しであろう。

ここからも神仕組における「**富士の重要性**」を窺《うかが》い知ることができる。

しかし「ひつくの家」の富士とお宮は「**仮でよい**」と言うのであるから、やはり「**富士は動く（＝噴火）**」ということを前提にしていると考えられる。

「仮」でなくなるのは「動いた後」なのであろう。

次に、「**小さいことは審神《さにわ》で家来の神々様から知らす**」とあるのは、第十四帖で「**小さいことはそれぞれの神に聞いてくれよ**」と示されたことと同義である。

最後の「**喧嘩《けんか》して大き声するところにはこの方鎮まらんぞ**」とは少し人間臭い言い回しであるが、意味は読んで字のとおりである。

天《あめ》のひつくの家であっても、住んでいる者たちが不仲で大きい声を出して喧嘩するようなところには神は鎮まらない（＝降りない）と述べているのである。

神がこのように示している以上、もしかすると天明たちの中に該当者がいたのかもしれない。

第二十七帖（六九）

この方は祓戸《はらえど》の◉《かみ》とも現われるぞ。この方祀るのは富士に三《み》と所《ところ》、◎海《うづうみ》に三と所、江戸にも三と所ぞ。奥山、中山、一の宮ぞ。富士は、榛名《はるな》に祀りてくれて御苦労でありたが、これは中山ぞ、一の宮と奥の山にまた祀らねばならんぞ、◎海の仕組も急ぐなれど、甲斐《かい》の仕組、早うさせるぞ。江戸にも三と所、天明の住んでいるところ奥山ぞ。あめのひつくの家、中山ぞ、富士が一の宮ざから気つけておくぞ。
この方祀るのは、真中に神の石鎮め、そのあとにひもろぎ、前の右左にひもろぎ、それが「あ」と「や」と「わ」ぞ、そのあとに三つ、七五三とひもろぎ立てさすぞ。少しはなれて四隅《すみ》にイウエオの言霊石《ことたまいし》置いてくれよ。鳥居《とりい》も注連《しめ》もいらぬと申してあろがな、このことぞ。この方祀るのも、役員の仕事も、この世の組立《くみたて》も、みな七七七七と申して聞かしてあるのには気がまだつかんのか。

臣民の家に祀るのは神の石だけでよいぞ、天のひつくの家には、どこでも前に言うたようにして祀りてくれよ。江戸の奥山には八日、秋立つ日に祀りてくれよ、中山九日、一の宮には十日に祀りてくれよ。気つけてあるのに⦿の神示読まぬからわからんのぞ、このことよく読めばわかるぞ。今のようなことでは⦿の御用つとまらんぞ。正直だけでは⦿の御用つとまらんぞ。裏と表とあると申して気つけてあろがな、シッカリ神示《ふで》読んで、スキリと肚に入れてくれよ。読むたびごとに⦿が気つけるように声出して読めば、読むだけお蔭あるのぞ。

（昭和十九年七月の三十一日、一二⦿）

【解説】

日月神示に関心がある人でも、読んだ人のほとんど全員が「理解不能」と投げ出すのが右の帖であろう。普通に理解しようとしてもできるものではない。

何故ならこれは、岡本天明たちの「神業」の実態を知らなければ全く意味不明だからである。またこの帖を理解するには、「神道の知識」も少し必要とされるから尚更《なおさら》である。

かくいう私も偉そうなことは言えないのであって、黒川柚月氏の『岡本天明伝』が世に出なかったら、何のことだかさっぱりわからないまま終わっていた。

勿論このような解説書も日の目を見ることはなかったのであり、この意味でも黒川氏には心から感謝申し上げる。

この帖のほとんど全ては、天明たちに「**神の祀り方**」を指示したものである。

まず冒頭に出てくる「**祓戸《はらえど》の⦿《かみ》**」であるが、これ自体「神道」を知らなければよくわからないであろう。

「**祓戸《はらえど》の⦿《かみ》**」の一般的説明は、「神道において祓《はらい》を司《つかさど》る神」のことで、その源はイザナギ神が黄泉《よみ》の国から逃げ帰った後、禊《みそぎ》をしたときに生まれた神々の総称であるとされる。

また「大祓詞《おおはらえことば》」の中に登場する「祓戸四柱《はらえどよはしら》の神（＝瀬織津比売《せおりつひめ》、速開都比売《はやあきつひめ》、気吹戸主《いぶきどぬし》、速佐須良比売《はやさすらひめ》）」を指して言う場合もある。

「**祓戸《はらえど》の⦿《かみ》**」が「**この方（＝国常立大神）**」であると示されたのは本帖が初めてであるが、要は「祓戸の⦿《かみ》」も国常立大神の神格の顕《あらわ》れの一つという意味である。

天明たちの「神業（神祀り）」に新たな風が吹き込まれたわけである。

その後の「**この方祀るのは富士に三と所《みところ》、◎海《うづうみ》に三と所、江戸にも三と所ぞ。奥山、中山、一の宮ぞ**」とあるのは、神が天明たちに命じた日本各地に出向いて奉仕する「神業」の全体像である。

整理すると、「**富士の仕組（＝甲斐《かい》の仕組）**」、「**◎海《うづうみ》の仕組（＝鳴門《なると》の仕組）**」及び「**江戸の仕組**」の三つを天明たちに示し、それぞれの仕組の場所に三箇所ずつ「**奥山、中山、一の宮**」を開け（＝神を祀れ）という神からの指示ということになる。

三つの仕組があって、それぞれ三箇所に神を祀るのであるから、合計「九箇所」に祀ることになる。

『岡本天明伝』には、これらの神業の足跡が載っているので、参考までにそれらをまとめたものを示しておこう。

江戸の仕組

○奥山　昭和十九年八月八日、代々木深町の天明自宅（その後、玉川学園→西荻窪松庵→千葉県公津《こうづ》村麻賀多《まがた》神社裏→岐阜県黒野→三重県北伊勢菰野《こもの》「至恩郷」）

○中山　同年八月九日、白金台の都筑太一宅（その後、豪徳寺・ひかり教会本部　昭和二十四年から並行して存在）

○一の宮　同年八月十日、鳩森八幡神社（その後、世田谷・用賀の門田武雄宅→玉川学園に統

合　昭和二十年六月）

甲斐（富士）の御用

○奥山　昭和二十年七月十二日、甲府市伊勢町、天明ら複数の役員
○中山　昭和十九年八月二十日、甲府市帯那山《おびな》、都筑太一
○一の宮　昭和二十年六月十八日、日野春《ひのはる》、矢野シン、佐々木清治郎ら

鳴門神業

○印旛沼《いんばぬま》（マアカタ）　昭和十九年十二月二十八日、天明、矢野シン
○諏訪湖　昭和二十年一月八日、三枝今朝春《みえだけさはる》
○瀬戸内（イイヨリ）　同年二月八日（?）、天明、石本恵津子《いしもとえつこ》

右に示した通り、天明たちはたった一年の間に三つの神業（合計九箇所）をやり遂げている。平和な時代なら何の問題もなかろうが、この時期は大東亜戦争末期で日本は負け戦の連続であり、昭和二十年からは米軍機による「本土大空襲」の激化とも重なっているし、国内移動のための汽車の切符さえ入手困難な時期であった。

そんな中で天明たちは、我々には想像もつかない苦労をしながら、必死に神業に励んだのである。

なお「**富士は、榛名《はるな》に祀りてくれて御苦労でありたが、これは中山ぞ、一の宮と奥の山にまた祀らねばならんぞ**」とあるのは、天明たちが既に奉仕した「**榛名山神業**《はるなさんしんぎょう》」を指しているが、これは

「中山」であって、まだ「一の宮」と「奥山」が残っていると示されている。

何故このような中途半端なことになったかと言えば、おそらく「富士が動く（＝噴火）」ことと関係があると思われ、富士が動き終わった後に「一の宮」と「奥山」を開くという意味なのであろう。

その代わりとして指示されたのが「甲斐（富士）の御用」であると考えられる。

次に、「**天明の住んでいるところ奥山ぞ**」と示されているのは、記憶にとどめておいていただきたい。

私の『三部作』にも「奥山」という言葉が頻繁に登場し、天明の住居（＝活動拠点でもある）のことだと説明してきたが、その根拠がここにある。

神は、「奥山にこの方を祀れ」と示す一方、奥山は天明の住んでいるところであるとも示しているから、これは要するに同じ家に「神と人間」が同居するということになる。

これを「**同殿同床**《どうでんどうしょう》（**＝同殿共床**《きょうしょう》）」と言うが、本来の「神祀り」とはこのようなスタイルであったという暗示でもある。

もっと言えば、神を人間と切り離した神社・お宮などの人工物に祀ること自体、元の神の仕組からは乖離《かいり》しているということにもなる。

「神人一体」の真理から言っても、神と人間は同じ家に「同居」するのが自然の姿である。

日月神示による限りこのように読み取れる。

あとの部分の多くは「祀りの仕方」を具体的に指示したものだが、書いているとおりの内容であるから説明は省く。

ただ「**鳥居《とりい》も注連《しめ》（縄《なわ》）もいらぬ**」という一節はこれまでにも出てきているが、日月神示の「祀り方」の最大の特徴の一つであるから、これも是非記憶していただきたい。

「神祀り」の時期を具体的に示しているものは、「**江戸の奥山には八日、秋立つ日に祀りてくれよ、中山九日、一の宮には十日に祀りてくれよ**」とある部分である。

つまり、（昭和十九年）八月八日に「奥山」、同九日に「中山」、そして同十日に「一の宮」に神を祀ってくれとの指示であるが、前掲の江戸の仕組としてまとめたものをご覧になれば、指示された通りの日に祀られていることがおわかりになるはずだ。

（注：前掲の江戸の仕組を見れば、奥山、中山、一の宮のいずれも頻繁に遷《うつ》されているが、これは昭和二十年春から本格化した米軍の「本土大空襲」の影響が大きい。特に、首都・東京は最も空襲の回数が多かったから、天明たちは神命によって遷宮〈ある意味では「疎開」〉していたのである）

なお、「**この方祀るのも、役員の仕事も、この世の組立《くみたて》も、みな七七七七と申して聞かしてある**」

と示されているのは、「あ、や、わ」の下には、「七」を単位とする下部組織が要《い》るという意味であるが、広い意味では**「この世の組立《くみたて》も、みな七七七七……」**とあるから、第一巻「上つ巻」第十三帖でも説明した**「七がミロクの世の基本単位または基本数」**と同じことが述べられている。「ミロクの世」の国の構成が、日本を中心とする「七大州《ななだいしゅう》」となるのもこれ故《ゆえ》である。

「神祀り」、「役員の仕事」、「この世の組立」の全てが同じ「七」で成立するということは、「神界・幽界」、「ミロクの世」のいずれも「七を基本数とする同じ原理」で成り立っているということでもあり、ここに神仕組の奥義の一つがあるようである。

本帖の最後のほうでは、相変わらず**「シッカリ神示《ふで》読んで、スキリと肚に入れてくれよ」**とあるように、神から天明たちに対する激励や諭《さと》しが示されている。

※補足

「この方は祓戸《はらえど》の⦿《かみ》とも現われるぞ。この方祀るのは富士に三《み》と所《ところ》、◎海《うづうみ》に三と所、江戸にも三と所ぞ」とあって、「この方」が二度続けて登場しているから、「祓戸の⦿」＝「富士、◎海、江戸に祀られる合計九柱の神」とも解釈できる。

つまり「祓戸の⦿」＝「祓戸九柱の神々」となるが、これは「日本書紀」で、イザナギ神が禊《みそぎ》をした時に生まれた九柱の神々（ヤソマガツヒ、カムナホビ、オオナホビ、ソコワタツミ、ソコツツノヲ、ナカワタツミ、ナカツツノヲ、ウワワタツミ、ウワツツノヲ）に対応すると思われる（参考：黒川柚月氏見解）。

いずれにしろ、国常立大神は「はらい（祓い）」の神権をも有しておられることに、これは日本が原爆を落とされ、大東亜戦争に負けるという「メグリ取り」と同時に、「日本の岩戸開き（はじめの幕開け）」が成ることで完全に成就している。

勿論これが全てではなく、「大峠」が終わるまで「祓い」は続くことになる。

第二十八帖（七〇）

またたきの間に天地引っ繰り返るような大騒動が出来るから、くどう気つけているのざ、さあという時になりてからでは間に合わんぞ、用意なされよ。戦の手伝いくらいなら、どんな神でも出来るのざが、この世の大洗濯は、我《わ》れ善《よ》しの神ではよう出来んぞ。この方は元のままの身体《からだ》持ちているのざから、いざとなればどんなことでもして見せるぞ。

仮名《かな》ばかりの神示と申して馬鹿にする臣民も出てくるが、しまいにはその仮名に頭下げて来ねばならんぞ、カナとは⦿の名ぞ、神の言葉ぞ。今の上の臣民、自分で世の中のことやりているように思うているが、みな⦿が化かして使っているのに気づかんか、気の毒なお役も出て来るから、早う改心してくれよ。年寄りや女や盲、聾ばかりになりても、まだ戦やめず、⦿の国の人種《ひとだね》の無くなるところまで、やりぬく悪の仕組もう見ておれんから、⦿はいよいよ奥の手出すから、奥の手出したら、今の臣民ではようこたえんから、身魂曇りているから、それでは虻蜂《あぶはち》取らずざから、早う改心せよと申しているのぞ、このことよく心得て下されよ、⦿急《せ》けるぞ。

（昭和十九年八月二日、ひつくのか三）

【解説】

本帖は全体として「大峠」のことを示している。

「**またたきの間に天地引っ繰り返るような大騒動**」、「**この世の大洗濯**」、「**⦿はいよいよ奥の手出す**」などとあることからそれがわかる。

ここでは「大峠」になれば実際に何が起こるのかまでは書かれていないが、「**この方は元のままの身体《からだ》持ちているのざから、いざとなればどんなことでもして見せるぞ**」とある。

「この方（＝国常立大神《くにとこたちおおかみ》）」が「元のままの身体《からだ》持ちている」とは太古《たいこ》の地球を修理固成《つくりかため》られたときのお姿、すなわち「龍体」のことであるから、その龍体で「どんなことでもする」という意味になる。

おそらくこれは「超天変地異」を起こすという暗示ではないだろうか。

ここで「**さあという時になりてからでは間に合わんぞ、用意なされよ**」とあるが、まさかこれを「避難する用意」とか「逃げる用意」と取る読者はいないだろうし、いてほしくもない。

天地引っ繰り返るような大騒動（＝超天変地異？）が起こったときに、どこに逃げれば助かるというのか？　そんな場所などあり得ない。

よって「用意なされよ」とは、「**身魂を磨いておけ**」という意味に他ならないのだ。

笑い話にもならないが、「非常持ち出し袋」などものの準備だけをいくらやっても、それだけでは意味がない。それで善《よ》しと思うのは「身魂曇りている」からである（勿論、ものの準備が一切不要ということではないので誤解のないように）。

中ほどの「**仮名《かな》ばかりの神示と申して馬鹿にする臣民も出てくるが、しまいにはその仮名に頭下げて来ねばならんぞ**」とあるのは、（神示は仮名ばかりで）最初バカにされるが、いずれ日月神示が紛れもなく世の元からの正神直流の「神典」であることが認識され、拝読する者、信奉する者が多く出てくるという意味であろう。

今の日本を見ればそのことがよくわかる。

日月神示の真の価値がわからず、聖書預言やノストラダムス、本物かどうかもわからない宇宙人や高次元意識体からのチャネリング・メッセージなどと同一レベルで論ずるような人たちは、一刻も早く気づかねば、取り残されてしまいかねない。

なお「**仮名《かな》ばかりの神示**」とは、天明たちが神示原文を翻訳するときは、最初はまず「ひら仮名」に訳したものを指していると思われる（＝これを「かな訳」と言う）。

その後、読みやすくするために漢字を当てていったのが現在に続く神示訳本のスタイルである。

悪の仕組については「**年寄りや女や盲、聾ばかりになりても、まだ戦やめず、☉の国の人種《ひとだね》の無くなるところまで、やりぬく悪の仕組**」とあるから、その徹底した残酷さがわかるが、しかしこれも大きい意味では「世の元の大神様」が仕組んだ「**御用の悪**」であることを忘れないでいただきたい。

第二十九帖（七一）

☉の土出ると申してありたが、土は五色《ごしき》の土ぞ、それぞれに、国々、ところどころから出るのぞ。白、赤、黄、青、黒の五つ色《い》ぞ、薬のお土もあれば食べられるお土もあるぞ、☉に供えてから頂くのぞ、何事も☉からぞ。

（昭和十九年八月二日、一二☉）

【解説】

この帖のテーマは「**☉の土**」であるが、第十八帖でも「**☉の土出るぞ**」と示されているから、それに関連したものであることは明らかである（第十八帖解説を参照）。

ここでは、「**土は五色《ごしき》の土ぞ**」、「**薬のお土もあれば食べられるお土もある**」とあって、更に具体的な内容が示されている。

「五色の土」など本当にあるのかと思いたくなるところだが、黒川柚月氏は、「黒っぽい色、白っぽい色、赤みっぽい色、黄色がかった色」の「お土」や「御土米」を実際に見ていると述べているからこれは事実と考えられる（日本弥栄の会『玉響』Ｎｏ２１７より）。

しかも「**国々、ところどころから出る**」とあるから、ある限定された地域だけでないことは確かである。

「お土」の頂き方はただ一つ、「**⦿に供えてから頂く**」と示されているが、これは食物全てについて言えることでもある。

第三十帖（七二）

八のつく日に気つけてくれよ、だんだん近づいたから、辛酉《かのととり》はよき日、よき年ぞ。冬に桜咲いたら気つけてくれよ。

（昭和十九年八月二日、一二⦿）

【解説】

神示は一般に、短いものほど具体性に欠け解釈が難しくなるが、本帖もその例に漏れない。

「**八のつく日に気つけてくれよ**」とあるが、何のことだか全く示されていない。

よって、推測するしかないが、天明たちが「神業」を行う上で八のつく日とは、八月八日の「奥山」開き（＝江戸の仕組）がまず思い浮かぶ。

しかも、右の神示が降ろされたのが八月二日、「奥山開き」が八日だからあと六日後ということになり、**「だんだん近づいたから」**に見事に合致する。

まずこれが一つ。

あとは「六月二十八日（＝大本《おおもと》における龍宮乙姫の神霊降臨）」、「昭和二十二年旧九月八日（＝ミロク大神降臨）」などがあるが、どれか一つに絞り込めるだけの材料はない。

ただし「直近」ということであれば、やはり「八月八日の奥山開き」の可能性が高いと言えよう。


次の**「辛酉《かのととり》はよき日、よき年ぞ」**も難問。

天明たちに関係する「辛酉《かのととり》の日」とは、直近では昭和十九年八月二十五日、奥山に神々様が揃《そろ》ったとされる日が挙げられる（詳細は、第三巻「富士の巻」第十八帖とその解説を参照）。

この日は神の経綸上重要な節目とされている。

またこれに関連して、昭和十九年十二月二十三日（辛酉の日）、神命により「奥山」に「十柱《とはしら》の神」を祀ったことが挙げられる。

こちらも「だんだん近づいたから」にピタリと合致するので、直近ではこの二つの「辛酉の日」を指すと思われる。

しかし、「辛酉の年」は具体的に絞り込む材料がない。

元々「辛酉」とは「干支《えと》の組み合わせの五十八番目」に当たり、年数で言えば「六十年周期」で廻《めぐ》ってくるものだ。

天明の当時、直近の「辛酉の年」と言えば「一九八一年（＝昭和五十六年）」であり、その後は、二〇四一年、二一〇一年と続く。

しかし「一九八一年」が「よき年」と言い切れる根拠はないし、これが六十年後なら更にわかるわけがない。

よってこれについては、私自身も納得できる解釈には至っていない。

なお古代中国で「辛酉の年」と言えば、「天命が改まる年」であって、地上では「王朝が交代する革命の年（＝辛酉革命《しんゆうかくめい》）」とされる。

これに倣《なら》えば、「大変革」があると思われるのだが――。

最後の「**冬に桜咲いたら気つけてくれよ**」も絞り込める材料に乏しい。

異常気象が当たり前の昨今、日本でも「冬に桜が咲いた」というニュースはそれほど珍しくない。

「何十年、何百年に一度」の稀有《けう》な出来事なら「気つけてくれよ」もわかるが、そうではないからちょっと絞り込みようがないのである。

天明たちの時代にそのような何かががあったかもしれないが、今では知る術《すべ》がない。

今現在も「気をつけるべき時期」に入っているのは確かであると思われるが、「何に気をつける」のかが示されていないからもどかしい。

或いはこれを「大峠」の様相と捉えて、地球のポールシフト（＝極移動）による南北逆転が発生したとすれば、それまで冬だった地域が急激に暑くなって桜が咲くとも考えられるが、そのときに「気つけてくれよ」では遅すぎるきらいがある。

ここは大きく捉えて「立替えの大峠が近づいているから、それに伴う世の中の諸々の出来事を注意して見ていろ」と捉えるのが最も正しいのかもしれない。

第三十一帖（七三）

この神に供えられたものは何にならん、私《わたくし》することならんぞ、参りた臣民にそれぞれ分けて喜ばしてくれよ、臣民喜べば⦿も喜ぶぞ、神喜べば天地光りて来るぞ、天地光れば富士晴れるぞ、富士は晴れたり日本晴れとはこのことぞ。このような仕組でこの道ひろめてくれよ、それが政治ぞ、経済ぞ、まつりぞ、わかりたか。

（昭和十九年八月の三日、ひつ九のか三）


【解説】

冒頭の「**この神に供えられたものは何にならん、私《わたくし》することならんぞ、参りた臣民にそれぞれ**

分けて喜ばしてくれよ」は読んで字の如《ごと》しである。

「**私《わたくし》する**」とは独り占めすることであるから、それを厳禁した上で、参りた臣民皆に分けてやれとの指示である。

神示にはあちこちに「**何もかも⦿のものであるぞ**」と示されているが、本帖はその裏返しであり、「神のもの」＝「万人のもの」という図式になる。

次の「**臣民喜べば⦿も喜ぶぞ、神喜べば天地光りて来るぞ、天地光れば富士晴れるぞ、富士は晴れたり日本晴れとはこのことぞ**」は、意味的には難しいところは何もないからサラッと読んでしまいがちだが、大事なポイントがあるのでそれを説明しておきたい。

どういうことかと言えば、それは「**喜びや光が広がる順序が決まっている**」ということである。

つまり、「**臣民**」→「**神**」→「**天地**」→「**富士（＝神国日本）**」という具合に、個から全体に広がっていくということである。

これが地上界において臣民一人一人が目覚めることの意味であって、個の喜び（目覚め）は全体の喜び（目覚め）へと繋がっていくのである。

ここにも「身魂磨き」の重要性がある。

この意味で「ミロクの世」とは、神が創って臣民に「はい、どうぞ」と与えてくれるものではなく、臣民自らの「身魂磨き、メグリ取り」が進んで喜びに満ちたときに、その喜びが自分の内から周囲に広がり、また神界へと広がって創造されていくものだと言い得る。

そうなったとき、「政治」も「経済」も全ては「**まつり**」の中に同化していくのである。

このことを忘れないでいただきたい。

第三十二帖（七四）

この道ひろめて金儲けしようとする臣民沢山に出て来るから、役員気つけてくれよ、役員の中にも出て来るぞ、金《かね》は要《い》らぬのざぞ、金いるのは今しばらくぞ、生命《いのち》は国にささげても金は自分のものと頑張っている臣民、気の毒出来るぞ、何もかも天地へ引き上げぞと知らしてあること近づいて来たぞ、金かたきの世来たぞ。

（昭和十九年八月三日、一二⦿）

【解説】


この帖は「**金**《かね》」というテーマで一貫しており、非常にわかりやすい神示の一つである。

「**この道ひろめて金儲けしようとする臣民沢山に出て来るから、役員気つけてくれよ、役員の中にも出て来るぞ**」とあるとおり、日月神示を金儲けの道具にしてしまう臣民や役員が出てくることを指摘している。

私がここで強調したいのは、「自分はそのような金儲けなどは全く考えていない。ひたすら神の道を歩んでいる」と自負している人でも、実は金の虜《とりこ》であることが多いということである。

第一巻「上つ巻」第三十一帖の解説で、日月神示研究の第一人者・中矢伸一氏からお聞きした「ある社長の話」を紹介したが、本帖にもピッタリ適合する好例であるから再掲しておこう。


ある会社の社長が日月神示を知り、その内容の素晴らしさに感動したそうです。

それで、「よし、自分も何か役に立ちたい」と思い立ち、日月神示を元にちゃんと神棚も祀り、神示も毎日読んで社員にも勧めて、もっとこの事業を拡大しつつ、日月神示の内容を実践していく、と決意し実行しました。

そうしたら、それまで極めて順調で右肩上がりだった会社の業績がガタ落ちとなり、会社が潰《つぶ》れてしまったのです。こういう例は一つや二つではありません――。


右の社長は本当は「金儲け」が目的であって、日月神示を「手段」として利用すればもっと金が儲かるはずだと取り違えていたのであるが、重要なことはそれが「無自覚」であったことだ。頭の中では「日月神示第一」だったかもしれないが、心の深い部分では「金《かね》第一」だったのである。

つまりは「我れ善し、体主霊従」の性来に堕《お》ちていたわけであるが、それを自覚できずに、自分は正しい道を歩み、善いことをやっているとしか思わないから厄介《やっかい》なのである。

ここに「身魂磨き、メグリ取り」の根っ子（根本的な重要性）があることがおわかりだろう。

その上で、我々の住む地上界では「金こそが最もメグリを積む元凶」だということを肝《きも》に銘じていただきたい。

日月神示はそれを指摘しているのだ。

では金《かね》などに心を寄せることなく無一文になってしまえばよいかといえば、それも違う。

日月神示を勉強して信奉し始めた初期の人が、「穀物菜食《こくもつさいしょく》」に徹してベジタリアンになれば「身魂」が磨けて「ミロクの世」に行けると短絡的に思い込んでいる例はよくあるようだが、この話と、金に心を寄せなければ「ミロクの世」に行けると思い込んでいる人は極めてよく似ている。

要するに「目的」と「手段」を取り違えているのだ。

金とどのように関わっていくべきか、それはここまで読み進めてこられた読者には既におわかりだろう。

なお「**役員気つけてくれよ、役員の中にも出て来るぞ**」とあるから、岡本天明の同志の中にも日月神示で金儲けをしようと企《たくら》む輩《やから》が存在したのかもしれない（無自覚ではあっても）。

しかし現在なら「無自覚」どころか、最初から「意識的」に日月神示で金儲けしようと考えている「獣に堕ちた者」も存在するであろう。

それだけ人の心は乱れ切っている。

第三十三帖（七五）

親となり子となり夫婦となり、同胞《はらから》となりて、生き代わり死に代わりして御用に使っているのぞ、臣民同士、世界の民、みな同胞と申すのは譬《たと》えでないぞ、血がつながりているまことの同胞ぞ、同胞喧嘩も時によりけりぞ、あまりわからぬと㋹も堪忍袋の緒切れるぞ、どんなことあるか知れんぞ、この道の信者は神が引き寄せると申せば役員ふところ手でおるが、そんなことでこの道開けると思うか。一人が七人の人に知らせ、その七人が済んだら、次の御用にかからすのぞ、一聞いたら十知る人でないと、この御用つとまらんぞ、裏表、よく気つけよ。因縁の身魂はどんなに苦しくとも勇んで出来る世の元からのお道ぞ。七人に知らしたら役員ぞ、神が命ずるのでない、自分から役員になるのぞと申してあろがな、役員は㋹の直々の使いぞ、神《かみ》柱《ばしら》ぞ。肉体男なら魂《たま》は女《おみな》ぞ、この道盗《と》りに来る悪魔あるから気つけおくぞ。

（昭和十九年八月の三日、ひつくのか三）

【解説】

本帖はまず「**臣民同士、世界の民、みな同胞と申すのは譬《たと》えでないぞ**」とあることが最初の主題である。

広い意味では、全ての人類の「**血がつながりている**」のであり、神はその中の臣民を「**親となり子となり夫婦となり、同胞《はらから》となりて、生き代わり死に代わりして御用に使っている**」と明言している。

ここに「因縁の身魂」のルーツがある。

このことは地上界の我々にも頭では理解できるが、実際のところは国や民族、文化や宗教などで分断され、しかもほとんど全ての人間が「我れ善し、体主霊従」に堕ちているから、喧嘩ばかりしているのが実態である。

神が「**同胞喧嘩も時によりけりぞ、あまりわからぬと㋹も堪忍袋の緒切れるぞ、どんなことあるか知れんぞ**」と示しているのは右の戒《いまし》めとしてであろうが、「どんなことあるか知れんぞ」という表現の裏には、「大峠」の「大難」が「小難」になることなく、「大難」のままか或いは「超大難」にスケールアップして人類に被《かぶ》ってしまうことを暗示していると思われる。

中ほどの部分以降は、役員の「心構え」について神が諭《さと》したものである。

役員とは単なる「バカ正直」や、神への「盲従」ではダメなのであって、「**一聞いたら十知る人でないとつとまらん**」とか「**裏表、よく気つけよ**」と示されている。

神意とは日月神示の文章の中だけではなく、その裏や行間にもあるからよくよく注意せよとの戒めと捉えてもよいだろう。

神はこれまでにも「**この道の信者は神が引き寄せる**」と仰《おっしゃ》っているが、とはいってもその本人が「私は神によって引き寄せられた信者です」などと言って訪ねてくるわけがない。

神の引いた糸を無自覚のうちに感知してくるのであるが、その者を見極め受け入れるのが「役員」の務めなのである。

それをせずに「**役員ふところ手でおる**」からダメだと神が指摘しているのであって、真の役員とは、「**⦿の直々の使い**」であり「**神柱**《かみばしら》」でなければならない。

なお「**一人が七人の人に知らせ……**」とある部分は、第十七帖にも登場しているから、そちらの解説を参照されたい。

くれぐれも神が「数」だけを集めよと指示しているのではないことを、お忘れなきように願いたい。

それではまるで「ネズミ講」に過ぎないことになる。

「**肉体男なら魂**《たま》**は女**《おみな》**ぞ**」とある部分は初出である。

これから連想されるのは、大本《おおもと》の出口王仁三郎《でぐちおにさぶろう》と出口直《なお》ではないだろうか？

王仁三郎は肉体は男であったが魂は女であるとして「変性女子（＝男体女魂）」と呼ばれ、直は反対に「変性男子（＝女体男魂）」と呼ばれている。

この二人に限らず、これは普遍的な真理だと神は仰っているように思われる。男なら男性原理だけ、女なら女性原理だけしかないと考えてしまいがちだが、どちらも肉体と魂は相反する原理を保持していると証《あか》されている。

勿論そこには主従があるが、少なくともこれによって、男でも女でもお互いを全く理解できないという最悪の事態は免れているのであろう。

また私は、イザナギ神が独《ひと》り神《がみ》となってからも多くの神々を産んだのは、不ヽ完ヽ全ヽでヽはヽあヽっヽてヽもヽ自らの内に女性原理が内包されていたからであろうと考えている。

最後の「**この道盗《と》りに来る悪魔あるから気つけおくぞ**」とは、天明たちの神業活動が妨害される事態があり得ることを、神が事前に注意したものと考えられる。

『岡本天明伝』によれば、「天之日津久神《あめのひつくのかみ》奉賛会」の中に会員になりすました「特高」のスパイが潜入していたという記述があるし、天明自身も警察の逮捕者リストに入っていたという（幸いにも逮捕前に終戦となって、ことなきを得ている）。

天明たちが生きていた大東亜戦争末期の頃は、「特高」による国内の思想犯の取り締まりが厳しく、特に集会などで一度に大勢の人が集まるところは目を付けられていたのである。

今の我々には想像もできないだろうが、ほんの七十年くらい前までは、そのような社会情勢が当たり前だった。

このような事実を全く知らないままで、日月神示を解読・解釈しようとすることには無理がある。

第三十四帖（七六）

臣民はすぐにも戦済みて善《よ》き世来るように思うているが、なかなかそうはならんぞ、臣民に⦿うつりてせねばならんのざから、まことの世の元からの臣民、幾人もないぞ、みな曇りているから、これでは悪の神ばかりが憑《か》かりて、だんだん悪の世になるばかりぞ、それで戦済むと思うているのか、自分の心よく見てござれ、よくわかるであろうがな、戦済んでもすぐに善き世とはならんぞ、それからが大切ぞ、胸突き八丁はそれからぞ、富士に登るのにも、雲の上からが苦しいであろがな、戦は雲のかかっているところぞ、頂《いただき》までの正味《しょうみ》のところはそれからぞ。一、二、三年が正念場ぞ。三四五の仕組と申してあるがな。（昭和十九年八月の三日、ひつ九のか三）

【解説】

本帖は「神の仕組、経綸《けいりん》」を理解する上で極めて重要である。

まず「**すぐにも戦済みて善《よ》き世来るように思うているが**」とあるから、当時の岡本天明たち役員が、そのように信じていたことが窺《うかが》われる。

ここで言う「戦」とは「大東亜戦争」のことであるから、それが終われば岩戸が開き、すぐにでも「ミロクの世」が到来するという思い込みや願望があったのであろう。

しかし神の目から見ればそれは全くの取り違いでしかなく、「**なかなかそうはならんぞ**」、「**戦済んでもすぐに善き世とはならんぞ**」、「**胸突き八丁はそれからぞ**」と厳しく諌《いさ》められている。

ここで大事なのは「**胸突き八丁**」という言葉であって、この意味は物事が成就する過程における一番苦しい正念場のことであるから、本当の正念場は「大東亜戦争」が終わってから来ると示唆《しさ》しているのだ。

その上で、大東亜戦争が終わってもすぐに「**善《よ》き世**」にならない理由がはっきり書かれていることに注目していただきたい。

それは「**善《よ》き世**」が来るためには、「**臣民に⊙うつりてせねばならん（＝神人一体）**」のであるが、その臣民というのが「**まことの世の元からの臣民、幾人もおらず、みな曇りている**」から、これでは「**悪の神ばかりが憑《か》かりて、だんだん悪の世になるばかり**」だからである。

ハッキリ言えば、臣民は皆「悪神」に完全に憑依《ひょうい》されてしまい、その奴隷に成り下がっているからなのだ。

よって「**自分の心よく見てござれ**」と諭し、「我れ善し、体主霊従」に堕ちている自らの心を知れと仰《おっしゃ》っているのである。

神示後半には、「**富士**」を引き合いに出し、「**善《よ》き世**」に至る「**胸突き八丁、正念場**」が何であるかを示している。

しかしこの部分は、本帖の最後にある「**三四五《みよいづ》の仕組**」を理解していないと意味が取れないので注意が必要である。

「**三四五の仕組**」とは、第十四帖の解説でも取り上げているが、ひと言で言うと「**⦿の御代になること**」、「**この世を⦿の国にねり上げること**」であるが、「**⦿の御代**」とは言うまでもなく「**てんし様の御代**」であるから、この仕組の主人公は「**てんし様**」に他ならない。

よって「大東亜戦争」が終わり、「善き世」に向かって最初の正念場となるのは「**三四五の仕組**」においてであって、そこでは「**てんし様の稜威《みいづ》**」が世に出るために「**ねり上げられる**」必要があるという意味になる。

即ち「てんし様」ご自身にも試練が来るということであり、その期間は「**一、二、三年が正念場**」だと言うのである。

これは「戦争が終わってからの三年間」という意味であるから、終戦後、「てんし様」の神霊が降下した昭和天皇がどんな試練に遭《あ》われたのかを知らなければ、具体的なことは何もわからない。

本帖の解説でそこまで踏み込む紙幅はないので、これについては拙著『ときあかし版』てんし様の章及び『奥義編』第五章　てんし様（昭和天皇）の真実を参照していただきたい。

「てんし様」の御神霊は「昭和天皇」に降臨されているが、その昭和天皇が「てんし様」となられるプロセス、御事績、大《おお》御心《みこころ》、そして試練が何であったかについて詳述している。

第三十五帖（七七）

何もかも持ちつ持たれつであるぞ、臣民喜べば⦿も喜ぶぞ、金《きん》では世は治まらんと申してあるのにまだ金追うている見苦しい臣民ばかり、金は世をつぶす本ぞ、世界の草木まで喜ぶやり方は⦿の光のやり方ぞ。臣民の生命も長うなるぞ、てんし様は生き通しになるぞ、御玉体《おからだ》のままに神界に入られ、またこの世に出られるようになるぞ、死のないてんし様になるのぞ、それには今のような臣民のやり方ではならんぞ、今のやり方はてんし様に罪ばかりお着せしているのざから、このくらい不忠なことないぞ、それでもてんし様はお赦《ゆる》しになり、位までつけて下さるのぞ、このことよく改心して、一時《ひととき》も早く忠義の臣民となってくれよ。

（昭和十九年八月の三日、ひつ九の⦿）

【解説】

まず「**金《きん》では世は治まらんと申してあるのにまだ金追うている見苦しい臣民ばかり**」とあるのは、第三十二帖で、「**この道ひろめて金儲けしようとする臣民沢山に出て来る**」と示されていることと基本的には同じ意味である。

この地上界では金はまだ必要であるが追うものではない。追うと「**金は世をつぶす本**」になってしまう。

「金」については、第二十四巻「黄金《こがね》の巻」第五十九帖に極めて重要なことが書いてあるので、ここで引用しておきたい。

金で世を治めて、金で潰して、地固めしてみろくの世といたすのぢゃ。

このように神の仕組とは、金を使って世を治めてそれから金で世を潰《つぶ》すことであるが、まさに本帖にあるとおり「**金は世をつぶす本**」なのである。

その対極にあるのが神のやり方であり、神示には「**世界の草木まで喜ぶやり方は◉の光のやり方ぞ**」と示されている。勿論これは「ミロクの世」におけるやり方である。

ところで、その「ミロクの世」になれば、寿命が延びると示されているのは注目に値する。

「**臣民の生命も長うなるぞ、てんし様は生き通しになるぞ**」とある部分がそれであるが、何と言っても「てんし様が不死」になられるというのが凄いことである。

これはまさしく「てんし様」が「世の元」からの神の光の継承者、即ち神そのものであって霊と物質を自由に操る神力をお持ちであることの証《あかし》であろう。

それで「御玉体《おからだ》のままに神界に入られ、またこの世に出られるようになる」と述べているのである。

戦前は天皇のことを「現人神《あらひとがみ》」と呼んでいたが、「てんし様」こそがマコトの「現人神」である。

これに対して臣民の生命は「**長くなる**」とあるだけで、「不死」とまでは書かれていない。

「ミロクの世」は「半霊半物質の世界」とされているから、臣民の身体はまだ物質的性質が半分残っていることになり、今より寿命は長くなるのは間違いないとしても、やはり「半肉体の死」という現象は生起するようである。

よって「てんし様」が不死になられるということは、臣民のような「半霊半物質」の御玉体《おからだ》ではなく、完全な霊体になられるのだと考えられる。

また本帖では、右に続いて「**それには今のような臣民のやり方ではならんぞ、今のやり方はてんし様に罪ばかりお着せしている**」とあるから、「てんし様」が本来の神性を発揮する鍵は臣民にあるということが読み取れる。

そのような「**てんし様に罪ばかり着せている臣民のやり方**」とは何だろうか？

それは「てんし様」の大御心とは正反対の、「我れ善し、体主霊従」のやり方ということになるだろう。臣民が「我れ善し」のままでは、「てんし様」の神性も発揮しようがないのである。

よって「**このくらい不忠なことないぞ**」と神が警告しているのだ。

なお「**それでもてんし様はお赦《ゆる》しになり、位までつけて下さるのぞ**」とは、この地上界のことではなく、「ミロクの世」に移行した後のことであるから勘違いしないようにしていただきたい。

そもそも「**赦《ゆる》す**」とは、臣民が赦されるに足る「身魂の状態」になっていることが大前提であり、そうなっていない者を形式的に赦しても意味がない。何故ならそのような者は「ミロクの世」には絶対に入れないからである。よって「てんし様」と出会えるはずもなく、ましてや「赦す」とか「位をつける」とは無縁・無関係となるからだ。

悪神の奴隷に成り下がったままの臣民につけられる「位」が「ミロクの世」にあるわけもない。よって結論は、ここでも「**よく改心して、一時《ひととき》も早く忠義の臣民になる**」こと、それしかない。

第三十六帖（七八）

⦿をそちのけにしたら、何も出来上がらんようになりたぞ。九分《くぶ》通り出来てグレンと引っ繰り返りておろがな、それへも気づかんか。一にも神、二にも神、三にも神ぞ、一にもてんし様、二にもてんし様、三にもてんし様ぞ。この道つらいようなれど貫きてくれよ、だんだんと良くなりて、こんな結構なお道かと申すようにしてあるのざから、何もかもお国にささげて自分の仕事を五倍も十倍も精出してくれよ。戦ぐらい何でもなく終わるぞ。今のやり方ではとことんに落ちてしまうぞ、⦿くどう気つけておくぞ。国々の神さま、臣民さま、改心第一ぞ。

（昭和十九年八月三日、ひつ九のか三）

【解説】

本帖の最後にも**「国々の神さま、臣民さま、改心第一ぞ」**とある。

読者はもうウンザリするほど「改心」とか「身魂磨き」という神の諭しを見てきたから、「十分わかりました、もういいです。」と言いたくなるかもしれない。

だが、神が何故これほどしつこく「改心」を言い続けるのか、行間にその神意を洞察していただきたい。

そんなに簡単に「改心」ができるなら、一回かせいぜい数回言っただけで済む話ではないか。ここまで読み進めてこられた読者の心は十分「改心」できたであろうか？　或いは少なくとも「改心しなければ」という強い動機が得られたであろうか？

判断のポイントは、「自分の心奥」が何を最も大事にしているかをよくよく見ることである。そうすれば神が何故これほどしつこく「改心」と仰《おっしゃ》るのか少しはわかるのではないだろうか。

身魂が磨かれて「改心」が進むほど、「自分」が「神」によって生かされその中で生きていることが実感されてくる。

そうすると「自分」という「個」の存在意義は、「神」という「公」に同化し奉仕することだと気づくようになる。

そうなって初めて「**一にも神、二にも神、三にも神ぞ、一にもてんし様、二にもてんし様、三にもてんし様ぞ**」の意味がわかってくるのである。

「我れ善し、体主霊従」のままでは、この意味が胸落ちすることは決してないだろう。

またここで、「神」と「てんし様」が「対《つい》」になっていることに注目していただきたい。同じことを繰り返して二度述べている。

ここからも「てんし様＝神」という構図が理解されるはずだ。

このような「神」、「てんし様」を「**そちのけ**」にすれば、「**九分《くぶ》通り出来てグレンと引っ繰り返る**」のは当然の道理なのである。

何故ならそこには「最後の一厘」がないからである。

最後に「改心」で忘れてならないのは、「**この道つらいようなれど……だんだんと良くなりて、こんな結構なお道かと申すように**」してあるということである。

初めは確かに苦しいが、先に行くほどよくなる道なのである。

第三十七帖（七九）

世が変わりたら天地光り人も光り草も光り、石も物ごころに歌うぞ、雨も欲しい時に降り、風も欲しい時に吹くと、雨の神、風の神様申しておられるぞ。今の世では雨風を臣民がワヤにしているぞ、降っても降れず、吹いても吹かんようになりているのがわからんか。盲、聾の世の中ぞ。神のいる場所塞《ふさ》いでおりてお蔭ないと不足申すが、わからんと申してもあまりであるぞ。

神ばかりでもならず、臣民ばかりではなおならず、臣民は神の容《い》れものと申してあろが、天《あめ》のひつくの民と申すのは、世界治める御魂《みたま》の容れもののことぞ、民草とは一人を護る容れものぞ、ひつく臣民は神がとことん試めしに試めすのざから、可哀そうなれど我慢してくれよ、その代わり御用つとめてくれたら、末代名を残して、神から御礼申すぞ。何事も神は帳面につけとめているのざから間違いないぞ、この世ばかりでないぞ、生まれ代わり死に代わり鍛えているのぞ、ひつくの臣民落ちぶれていると申してあろがな、今に上、下になるぞ、逆立ちがおん返りて、元の善き楽の姿になるのが近づいたぞ、逆立ち苦しかろがな、改心した者から楽にしてやるぞ、御用に使うぞ。

（昭和十九年八月三日、ひつ九のか三）

【解説】

本帖は前段が「**ミロクの世**」の情景、後段が「**天《あめ》のひつくの民**」について述べられている。

まず前段の「ミロクの世」の情景については、すべてのものが皆「**光り輝き**」、「**雨も風も臣民の望むように降ったり吹いたりする**」という。

まさしくユートピアそのものである。

興味深いのは、「**今の世では雨風を臣民がワヤにしている**」とある部分で、臣民が「我れ善し、体主霊従」に堕ちて神を顧《かえり》みないこの地上界では、雨や風などの自然現象までが臣民の「我れ善し」に相応して、人間に対して猛威を振るうことが察せられる。

まさしく臣民が「ワヤにしている」のであるが、このことは逆に、地上界の自然現象までが臣民のキによって如何《いか》ようにも変化するという神仕組が秘められていることに注意されたい。

昨今は「異常気象」という言葉自体が陳腐《ちんぷか》化しているほど、異常が普通になっている。学者や専門家はあれこれ理屈をつけてもっともらしい説明をしようとするが、根本原因は臣民の「悪いキ」が大自然をワヤにしているのである。

「**神のいる場所塞《ふさ》いでおりて**」とは、具体的に何を指すのか明示されていないので推測するしかないが、おそらくこれには二つの意味が含まれていると思われる。

一つは、日本国中に無数にある「鳥居《とりい》」と「注連縄《しめなわ》」の存在である。

「鳥居」と「注連縄」は、日月神示による限り悪神が国祖様（＝国常立大神）を押し込めて封印・封殺するために用いた仕掛けであり装置である。

人間はそれを、神がおられる神域や神座を示すものと思い込んでいる。つまり、聖と俗を分ける境界であると信じて疑わないが、実は鳥居と注連縄によって正神を押し込めていたのである。

その原因は、言うまでもなく悪神の罠に嵌《はま》っているからである。

もう一つは臣民が自らの「神性、神の光（＝**真我**《しんが》）」を「**自我**《じが》」によって封じ込めてしまっていることである。

「真我」が「自我」によって封じ込められている状態が「体主霊従」であって、ほとんど全ての臣民はこのような性来に堕ちてしまっている。

こうして「**神を塞いで**」おきながら、「**お蔭ないと不足申して**」いるのが臣民だと神は述べている。

何と耳の痛いことではないか（なお「鳥居」と「注連縄」については、『秘義編』第一章　我《が》で失敗《しくじ》った国常立大神に、「真我」と「自我」については、同第二章　真我《しんが》と自我《じが》に詳述している）。

後段に入ると「**臣民は神の容**《い》**れもの**」という表現が出てくるが、これは「**神ばかりでもならず、臣民ばかりではなおならず**」とあるように、岩戸を開き「ミロクの世」に至るには「神人一体、神人交流」とならなければならないからである。

その中でも「**天**《あめ》**のひつくの民と申すのは、世界治める御魂**《みたま》**の容れもののことぞ**」とあるから、これは「世の元の大神様」に繋がる民《たみ》、即ち「**スメラの民**（＝**真**《まこと》**の日本人**）」であることは明白である。

何よりも「**天**《あめ》**のひつく**」とは「**天津日嗣**《あまつひつぎ》」と同義であるから疑う余地がない。

「**天**《あめ》**のひつくの民**」は「**世界治める御魂**《みたま》**の容れもの**（＝世の元からの神が憑《か》かる）」ではあるが、

「神がとことん試めしに試めすのざから、可哀そうなれど我慢してくれよ」と言うほど、現実的な生活面では困苦欠乏《こんくけつぼう》を強《し》いられたり、またあらゆる困難に直面して鍛えられるのである。

しかも**「生まれ代わり死に代わり鍛えている」**とあるように、過去世から幾世代にもわたって苦労に苦労を重ねてきているのだ。

岡本天明たちは間違いなく「天のひつくの民」の一員であり「因縁の身魂」であった。

しかしその苦労が報われて、**「今に上、下になるぞ、逆立ちがおん返りて、元の善き楽の姿になるのが近づいたぞ」**とあるように、「天のひつくの民」に神が憑かり、岩戸を開き、最後には「ミロクの世」へと至ることになる。

文字どおりの「上下大逆転」である。

それまで苦労に苦労してきた「天のひつくの民」は、そこで遂に**「末代名を残して、神から御礼申すぞ」**という栄誉を与えられるようである。

第三十八帖（八〇）

富士は晴れたり日本晴れ、これで下つ巻の終わりざから、これまでに示したこと、よく肚《はら》に入れてくれよ。⦿が真中で取次役員いくらでもいるぞ、役員はみな神柱ぞ。国々、ところどころから訪ねて来るぞ、その神柱には御告《みつ》げの道知らしてやりてくれよ、日本の臣民みな取り次ぎぞ、役員ぞ。この方は世界中丸めて大神様にお目にかける御役、☉の臣民は世界一つに丸めて、てんし様に献《ささ》げる御役ぞ。この方とこの方の☉☉《かみがみ》と、☉の臣民一つとなりて世界丸める御役ぞ。☉祀りてくれたらいよいよ仕組知らせる神示書かすぞ、これからが正念場ざから、ふんどし締めてかかりてくれよ。秋立ちたら☉烈《はげ》しくなるぞ、富士は晴れたり日本晴れ、てんし様の三四五《みよいづ》となるぞ。

（昭和十九年八月の三日、ひつくのか三）

【解説】

「下《しも》つ巻」の最終帖であるが、特に難解というほどではなく、全体として「まとめ」的な内容となっている。

ここには「**取次役員**」という言葉が出てきているが、この他にも、「**役員**」、「**因縁**《いんねん》**の身魂**《みたま》」、「**天**《あめ》**のひつくの民**」、「**神柱**《かみばしら》」、「**忠義の臣民**」等々の表現がある。

同じもの（こと）を様々な表現で表すのは、日月神示の大きな特徴である。

このことを理解せず、それぞれの語句に異なる意味を求めるとわけがわからなくなるから注意していただきたい。

一つのものを表すのに神が多くの言葉を使われるのは、たった一つの言葉だけでは神意を正確に伝えることができないからである。

多くの表現を用いることによってその意味の「固定化」を避け、それらの言葉全体の奥にある神意・真実を見出せという神の心遣いなのだ。

私が「序文」で「**八通りに読める**」と解説しているのは、これと全く同じ意味である。

「**日本の臣民みな取り次ぎぞ**」とある部分も注意が必要である。

ここで言う「**日本の臣民**」とは単に「日本国籍を有する人間」のことではなく、「**真《まこと》の日本人（＝スメラの民）**」のことであり、「**世の元の神の霊統に繋がる臣民**」のことである。

そういう意味では、今は外国の国籍を持つ者であっても、元々は「真の日本人」である可能性がある。第一巻「上つ巻」第二帖で、「**◉の国にも外国の臣《しん》がおり、外国にも◉の子がいる**」とあったことと同じである。

日月神示信奉者やファンの中にも、ここのところを勘違いして、自分は日本人だから救われるとか、日本に生まれているから大丈夫だのように、実に安直な期待感を持つ人が結構多いように見受けられる。

読者はよくよく気をつけていただきたい。

また日月神示は、「対《つい》」になる表現を用いて意味を強調したり、相互に密接な関係があることを示唆する場合がある。

「**この方は世界中丸めて大神様にお目にかける御役、◉の臣民は世界一つに丸めて、てんし様に献《ささ》**

げる御役ぞ」とある部分もこれに該当する。

「**この方（＝国常立大神）**」と「**大神様**」、それに「**◉の臣民**」と「**てんし様**」が対をなしていて、両方とも同種同類の御役を持ち、しかも相互に切り離せない関係があることを見事に表している。

このような「対」表現はこれからも登場するので、日月神示独特の表現方法（＝記述スタイル）であることを覚えておかれるとよいだろう。

最後の、「**秋立ちたら◉烈《はげ》しくなるぞ**」であるが、ここで言う「秋立つ（＝立秋）」には二つの意味があると、これまでにも述べてきた。

昭和十九年八月八日の「（江戸の仕組における）奥山開き」、もう一つは一年後の昭和二十年八月八日の「てんし様」奉斎《ほうさい》である。

本帖でも二つの意味があると考えてしまうところだが、実はここでの「立秋」は「奥山」開きに軍配が上がる。

というのは「秋立ちたら」に続いて「◉烈しくなるぞ」とあるからで、ここで言う「◉烈しくなる」とは、この後の大東亜戦争で日本が連戦連敗し、坂道を転がるように敗戦に向かって突っ走ることを意味すると考えられるからだ。

序文でも述べたように、原爆を落とされ大東亜戦争で負けることが、日本の岩戸を開くための重大な神仕組であった。

神は日本の岩戸を開くため「烈しくなる」と仰《おつしや》っているのだ。

その結果、日本の岩戸が開き「てんし様」が降臨されるのであるが、これを表しているのが、最後の一節、「**富士は晴れたり日本晴れ、てんし様の三四五《みよいづ》となるぞ**」である。

「てんし様の三四五（＝御代出づ）の初発は、昭和二十年の立秋なのである。

つまり大東亜戦争の終わりと同時に「てんし様の御代」に突入するのであり、これが「基本十二巻」全巻を通ずる最大の神仕組であると同時に、「基本十二巻」が大東亜戦争終了直前に完結しなければならなかった理由である。

このように、「下つ巻」は神仕組、経綸について多くを述べているが、その中心は「てんし様」であることを記憶にとどめていただきたい。


最後に多少余談めいているが、本巻の第三十一帖から最後の第三十八帖までが降ろされた日付を見ていただきたい。

全てが「八月三日」となっていることに気がつかれるであろう。

つまり、たった一日で八個もの帖が一挙に降ろされているのであるが、このような例は「基本十二巻」の中でも比較的多く見られるものだ。

読者は既に何度も「**神急《せ》けるぞ**」という表現を目にされているが、神が急がれているのは、このように一日に幾つもの帖を集中的に降ろされていることからもよくわかる。

何故、神は急がれていたのであろうか？

それは人間世界の大戦争（＝大東亜戦争）の推移と併行して、神の仕組を進めなければならなかったからであろう。

日月神示初発は昭和十九年六月であるが、この月の「マリアナ沖海戦」で、日本は虎の子の連合艦隊空母戦力をほぼ喪失し、七月にはサイパン島を失って「絶対国防圏」が破綻《はたん》した。この後はもはや日本に勝ち目はなく、フィリピン、硫黄島《いおうじま》、沖縄が次々に米軍に占領された。

サイパンやグアムなどから飛び立った数百機のB－29は連日のように日本本土を爆撃し、特に昭和二十年三月十日未明の「東京大空襲」ではわずか数時間で十万人以上の民間人が虐殺《ぎゃくさつ》されたし、止《とど》めに二発の原爆が広島と長崎に炸裂《さくれつ》した。

起死回生、一撃必殺を期した「特攻作戦」も、米軍機の迎撃とぶ厚い対空砲火の前にほとんど効を奏すことなく、数千人の若い命が散華《さんげ》した。

このように、昭和十九年六月以降は、大東亜戦争の推移が極めて迅速《じんそく》であり、終戦までのたった一年二カ月の間に全ての神仕組を成就させなければならなかったのである。

しかも、そのためには岡本天明以下の「因縁の身魂」たちの神業奉仕が不可欠だった。

神は事情がよくわからない天明たちに神示を降ろし、神業を命じ、身魂磨きを指導し、脱線しそうになれば諭《さと》しと戒《いまし》めを与え、あらゆる方法を総動員して、終戦までに神仕組を成就させようとされたのである。

これが「神急けるぞ」の実態であるが、その甲斐あって「基本十二巻」の神仕組は見事に成就したのである。

《第二巻「下つ巻」了》

内記正時　ないき まさとき

昭和二十五年生、岩手県出身。祖父、父とも神職の家系にて幼少期を過ごす。昭和四十年、陸上自衛隊に入隊。以来40年間、パイロット等として防人の任にあたる傍ら、50回以上の災害派遣任務を完遂。平成十七年、２等陸佐にて定年退官。

平成三年、日月神示と出合い衝撃を受けるとともに、日本と日本人の使命を直感、妻と共に二人三脚の求道、修道に入る。導かれるままに、百を超える全国の神社・聖地等を巡り、神業に奉仕する。現在は、神職、古神道研究家として、日月神示の研究・研鑽にあたる。

主な著書に『ときあかし版［完訳］日月神示』『奥義編［日月神示］神一厘のすべて』『秘義編［日月神示］神仕組のすべて』（いずれもヒカルランド）などがある。

岡本天明　おかもと てんめい

明治三十年（一八九七）十二月四日、岡山県倉敷市玉島に生まれる。

青年時代は、名古屋新聞、大正日々新聞、東京毎夕新聞などで新聞記者生活を送る。また太平洋画会に学び、昭和十六年（一九四一）、日本俳画院の創設に参加。

米国、南米、イスラエル、東京、大阪、名古屋などで個展を開催。

『俳画講義録』その他の著書があり、昭和二十年（一九四五）頃から日本古神道の研究を始め、『古事記数霊解』及び『霊現交流とサニワ秘伝』などの著書がある。

晩年は三重県菰野《こもの》町鈴鹿山中に居を移し、画家として生活していた。

昭和三十八年（一九六三）四月七日没す。満六十五歳。

中矢伸一　なかや しんいち

東京生まれ。米国ワシントン州立コロンビア・ベースン・カレッジ卒。「日本弥栄の会」代表。三年に及ぶ米国留学生活を通じ、日本と日本民族の特異性を自覚。帰国後、英会話講師・翻訳・通訳業に携わる一方、神道系の歴史、宗教、思想などについて独自に研究を進める。一九九一年、それまでの研究をまとめた『日月神示』（徳間書店）を刊行。以後、関連した書籍を相次いで世に送り出す。これまでに刊行した著作は40冊以上、累計部数は推計100万部。

現在、著書執筆のかたわら月刊機関誌『たまゆらPREMIUM』を発行、日本全国に共感の輪を広げている。

大峠と大洗濯　ときあかし①
日月神示【基本十二巻】第一巻　第二巻

第一刷　2023年3月31日

解説　内記正時
原著　岡本天明
校訂・推薦　中矢伸一

編集協力　㈲東光社
発行人　石井健資
発行所　株式会社ヒカルランド
〒162-0821 東京都新宿区津久戸町3-11 TH1ビル6F
電話　03-6265-0852　ファックス　03-6265-0853
http://www.hikaruland.co.jp　info@hikaruland.co.jp
振替　00180-8-496587

本文・カバー・製本　中央精版印刷株式会社
DTP　株式会社キャップス

ISBN978-4-86742-231-1

ヒカルランド　好評既刊＆近刊予告！

地上の星☆ヒカルランド　銀河より届く愛と叡智の宅配便

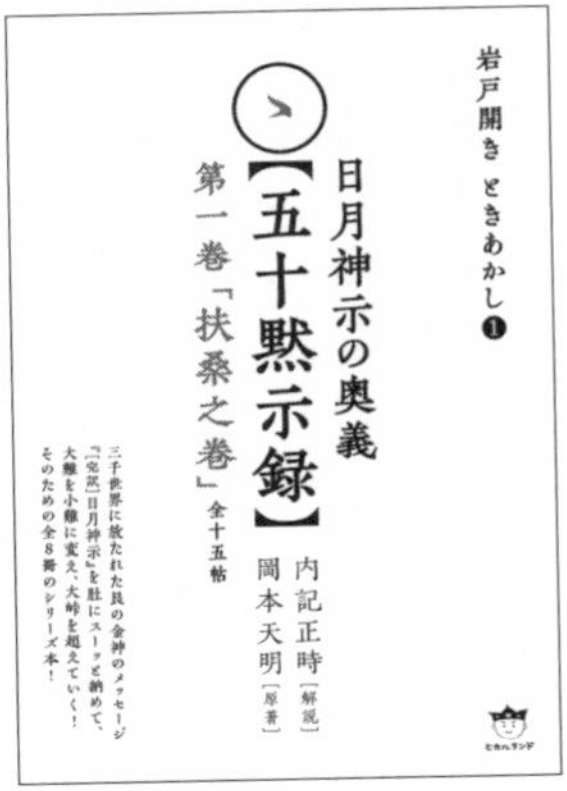

岩戸開き　ときあかし❶
日月神示の奥義【五十黙示録】
第一巻「扶桑之巻」全十五帖
解説：内記正時
原著：岡本天明
四六ソフト　本体2,000円+税

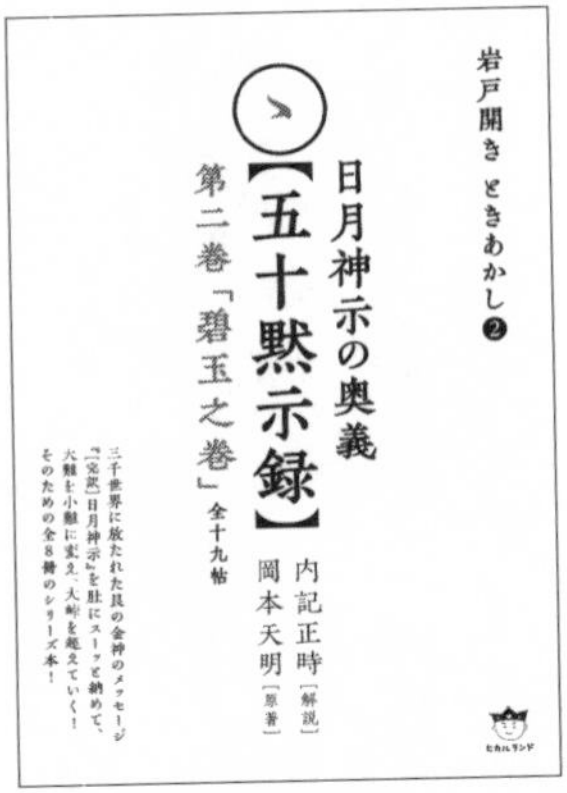

岩戸開き　ときあかし❷
日月神示の奥義【五十黙示録】
第二巻「碧玉之巻」全十九帖
解説：内記正時
原著：岡本天明
四六ソフト　予価2,000円+税

岩戸開き　ときあかし❸
日月神示の奥義【五十黙示録】
第三巻「星座之巻」全二十四帖
解説：内記正時
原著：岡本天明
四六ソフト　予価2,000円+税

岩戸開き　ときあかし❹
日月神示の奥義【五十黙示録】
第四巻「龍音之巻」全十九帖
解説：内記正時
原著：岡本天明
四六ソフト　予価2,000円+税